LA CONQUISTA DEL PERÚ

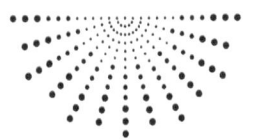

PABLO ALONSO DE AVECILLA

ÍNDICE

Introducción	1
1. Los Reyes Católicos	3
2. Colón	7
3. México	12
4. Pizarro, Luque y Almagro	19
5. El Perú	26
6. Tumbez	33
7. Homenaje	39
8. Ceremonia religiosa	45
9. Treguas	52
10. Funerales	58
11. Bautismo	64
12. Hostilidades	71
13. Atahulpa	79
14. Cajamalca	86
15. Servidumbre	93
16. Refuerzo	99
17. Cuzco	103
18. Mensaje	108
19. Victoria	117
20. Duelo	123
21. Política	130
22. Condenación	137
23. Los Andes	145
24. Venganza	154
Conclusión	163

INTRODUCCIÓN

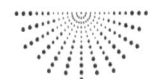

Al tender en el siglo XVI una mirada filosófico por todos los continentes europeos, por todo el antiguo mundo, el alma del hombre sensible se reconcentra melancólicamente, y su corazón late agitado. No era sólo en España donde se sintiera con horror, entre el crujido de las armas sarracenas, el duro yugo del feudalismo, y después la tiranía de los reyes; no sólo las comarcas españolas se estremecieran al contemplar las espantosas escenas con que el negro fanatismo ensangrentara la pura y dulce religión de Jesús; el antiguo mundo envuelto en densas tinieblas de ignorancia, presentaba por do quiera el más desconsolador espectáculo; y graduar la conducta de los hombres públicos de aquella triste época, por la moralidad y filosofía de nuestro siglo, sería incurrir en gravísimos errores. El héroe más eminente del siglo XVI, sería el que más en heroico grado poseyera el fanatismo religioso de su época, junto con el feroz arrojo personal en los combates.

En tan negros momentos fue cuando la audacia de los europeos los condujo hasta los continentes del Nuevo Mundo. Aquellas remotas playas, llenas de candidez y de inocencia, formaban la antítesis más espantosa con el ennegrecido corazón de sus descubridores. Pero no; lejos de nosotros la idea de copiar las nefandas escenas que el sensible filósofo Raynal ha descrito en su historia, de los establecimientos europeos en las dos Indias; lejos de nosotros seguir las huellas de Robertson en su historia de América, lejos de querer al fin, con fantasía ardiente, recargar el horror de lamentables épocas. Si el deber, empero, de historiadores novelistas nos hiciese tocar los hechos, será con la ligereza posible, y sin recargar sus negras tintas.

Todas las naciones de Europa fijaron establecimientos de mas o menos importancia en el Nuevo Mundo, y todos los europeos ensangrentaron sus comarcas; pero solo los españoles dominaron en él vastos imperios e inmensos continentes, y las arenas de las nuevas playas, bastaran apenas a numerar los hechos de valor y las hazañas de los héroes castellanos. Familiarizados con la guerra, en ochocientos años de combates con los sarracenos; avezados a la persecución y exterminio de los idólatras de Mahoma, preciso fuera que desplegaran en las nuevas regiones, con los adoradores de otros ídolos, aquel mismo carácter de terror y de crudeza que les era ya propio y natural con el trascurso de tantos siglos. Los ilustres caballeros en que pudieran brillar las cortas virtudes de aquella época, avezados aun a las brillantes cruzadas, abandonaban los peligros de las ondas a codiciosos aventureros, que ansiaban más el oro y las riquezas, que los antiguos laureles de los campos de Palestina.

Los españoles, sí, con los instintos feroces de aquellos siglos ensangrentarían con horror los nuevos continentes; pero sus crímenes serían siempre crímenes del siglo XVI, crímenes comunes a todos los europeos que invadían el Nuevo Mundo, crímenes propios del fanatismo de aquellos tiempos de ignorancia y de error; crímenes al fin de aventureros, que como todos los aventureros de Europa, volaban a la muerte, o a saciar su ambición en los tesoros de la virginal América; pero si las primeras páginas de la historia del Nuevo Mundo pudieran sernos enojosas, a las españolas debieron al fin aquellas regiones el amor a la libertad, y la pureza del cristianismo que los han conducido a la civilización e independencia: y hoy podemos satisfechos decir a la Europa entera, *nos llaman nuestros hermanos.*

1
LOS REYES CATÓLICOS

Mal pudiéramos conducir a nuestros lectores a la perfecta inteligencia de los manuscritos y textos peruanos que nos han servido de guía en esta obra, si ligeramente no describiésemos en breves pinceladas el estado político del antiguo mundo en el siglo dieciséis, y no profundizásemos en algo la corte de los reyes católicos y su situación interior y exterior.

España, este suelo alumbrado por el sol más hermoso de la Europa, ha sido en todos los siglos el campo de batalla en que se han resuelto con las armas los destinos del antiguo mundo. Después de verse vencida en los campos celtíberos, la belicosa república de Cartago, sucumbió también en sus arenas la altivez romana; y si el trono de los godos con el trascurso de los siglos adquirió en nuestro suelo nacionalidad y poderío la molicie de la corte de Witiza y de Rodrigo, abrió las puertas de España a los testados hijos de la Libia, y sufrió por ocho siglos el duro y ominoso yugo sarraceno, perdiendo su libertad, su independencia, y hasta sus creencias religiosas.

Mas no el león español rugiera por siempre abatido a los pies de sus opresores; la patria de los héroes alzó su temerosa frente y se estremeció Damasco. El instinto de la libertad y del amor a la patria, a una con el fanatismo y la superstición, concitaron a Cueba Donga, a los antiguos celtíberos y lusitanos, y Pelayo abrió la campaña más obstinada y sangrienta que jamás pregonar a la historia. Setecientos ochenta años de combates, y tres mil setecientas batallas, habían arrojado a los sarracenos de las montañas cantábricas a los montes de Toledo; de los montes de Toledo a las fragosas sierras de Andalucía; y los habían al fin reducido a los muros de Granada. A Fernando y a Isabel les guardaban los destinos la gloria de tremolar el estandarte de la cruz en las almenas de la Alambra, y al menos por una vez el fanatismo hizo causa común con la libertad.

A tan atroz campaña hubiera de tener en pie poderosos ejércitos, ni hubieran formado un sistema de hacienda pública con recursos bastantes para vastos proyectos. Aunque los reyes de Castilla entraban todos los años desolando las campiñas de los sarracenos, con cincuenta o setenta mil hombres, estos ejércitos sólo se componían de vasallos que por otro tiempo les prestaban los señores feudales, o de fanáticos que por cuarenta días concitaba, en nombre de Dios, el señor del Vaticano. El ejército francés de Carlos séptimo fue la primer fuerza permanente que conoció la Europa, y que preparó la importante revolución de quitar a los nobles la dirección de la fuerza militar de los Estados. Los reyes con poco poder, su erario era tan débil, que no podían entrar en gastos ni empresas; y si pedían socorro a los pueblos, los pueblos se los prestaban con escasez.

Entraron Fernando e Isabel vencedores en Granada el segundo día de 1493; la dominación sarracena en España exhaló el último suspiro, y unida la corona de Aragón y de Castilla por el matrimonio de esos dos príncipes, sus dominios eran muy extensos, si bien su poder no era absoluto. El poder legislativo estaba en las Cortes, y el rey tenía el ejecutivo muy limitado. Los tiempos románticos aun no habían acabado enteramente; la bizarría, la gentileza y el valor, eran el distintivo de los nobles caballeros, pero el feudalismo gozaba de toda la extensión de su poder; los señores feudatarios eran los reyes, y los monarcas unas huecas fantasmas, sin esplendor, y sin aparato. Empero, Fernando, que recogió el fruto de cuatro mil victorias, supo aprovecharse de las ventajas que le ofrecía su situación política. De capacidad profunda en la combinación de sus planes; la actividad, constancia y firmeza para su ejecución, consumó la obra do la tiranía que lo inspiraba su corazón y lo dictaba su orgullo. Fernando, que la corte de Roma le llamó el Católico, porque le temía, unas veces bajo diferentes pretextas, otras con atroces violencias, y muchas por sentencias de tribunales de justicia, despojó a los barones de una parte de las tierras que obtuvieron de la inconsiderada generosidad de los antiguos monarcas, y principalmente de la debilidad y prodigalidad de su predecesor, Enrique cuarto. Hizo su corte pomposa, e infundía respeto a los grandes con oropel y con brillo: unió a la corona las poderosas maestrías de las órdenes de Santiago, Alcántara y Calatrava, y fue constantemente un tirano sutil para ir robando las libertades al pueblo, si bien aun su poder era menor que el de otros soberanos de Europa, España fue libre, hasta la aciaga derrota de los campos de Villalar.

Si tantas ventajas pudieran hacer colosal el trono de Fernando, sus errores políticos debilitaron empero su poder. El proselitismo, atributo inseparable de los fanáticos, dominó a Fernando, o dominó a lo menos a su política. Apenas la enseña de Sión tremoló en los muros de Granada, cuando un desacertado decreto ordenó a los judíos y mahometanos, derramados por todas las provincias españolas, que en el término de cuatro meses recibieran el agua del bautismo, o saliesen de los dominios castellanos. Pocos se bautizaron, pero ochocientos mil de todos sexos y edades buscaron en otros climas la tolerancia de sus creencias. Las campiñas devastadas por la guerra; la propiedad territorial monopolizada en pocas manos; la corta extensión del comercio, y la poca actividad en las comunicaciones interiores, todo hacía que la agricultura desfalleciera y la riqueza pública fuese bien escasa. Una guerra desoladora de ocho siglos; una espantosa emigración, dictada por el fanatismo; los entorpecimientos de los matrimonios, propios de los derechos feudales, todo contribuía a la despoblación, y a la escasez de brazos para la cultura de las artes y de las ciencias.

Tal era el estado político e interior de España, cuando se presentó Colon ofreciendo a los monarcas castellanos un vasto imperio, cuya existencia le había inspirado su instinto. Fernando, aun que algún tanto elevado sobre las ruinas del feudalismo, era un monarca cuyo débil erario no bastaba a las urgencias interiores; un monarca que no contaba demasiado con el amor de su pueblo; un monarca en fin, de más pompa y vanidad en su corte, que de poder para vastas empresas: y absorbida toda su atención en la derrota de los sarracenos, no era fácil prestara oídos a un hombre tenido por visionario en toda Europa.

Si tampoco favorecía esta situación política al virtuoso descubridor del Nuevo Mundo, la ignorancia y fanatismo lo presentaban un escollo casi insuperable. La infalibilidad del pontífice había excomulgado a los que creyesen en la existencia de los antípodas; y España, sepultada, como todas las naciones, en la estupidez y en el terror religioso, no era fácil, que siguiera el parecer de un hombre obscuro abandonando la evidencia el Génesis y el Pontífice. Difícil sería investigar la remoción de tantos obstáculos, sino se recurriera a la ambición de los reyes; pero la sed ardiente de dominar, y el fausto pomposo de amarrar imperios al carro de la victoria, que parecía dominar a los reyes católicos, les hicieron prestar oídos al intrépido Colon, e imponiendo silencio al Génesis y al Pontífice, se arrojaron al furor de desconocidos mares, en busca de esclavos y de tesoros.

2
COLÓN

*E*nvanecidos los reyes católicos con las conquistas que diariamente arrebataban de las manos de los sarracenos; orgullosos de los triunfos que conseguían sobre sus nobles e infanzones, arrancándoles sus antiguos derechos feudales, con que engrandecían su poder supremo, tendían arrogantes su vista al Océano, y fácilmente se persuadían del agradable delirio que detrás de aquellas movibles montañas de olas, habría también otros imperios y otras coronas que ceñir a sus frentes, y que engrandecieran su poderío. Hubo un hombre atrevido, más grande que su siglo, que les ofreció a sus plantas un Nuevo Mundo, y la antigua Península era ya corto límite para encerrar el poder de los reyes de Aragón y de Castilla. Colón lisonjeaba la vanidad de estos poderosos monarcas, y el Génesis y el Pontífice habían de enmudecer ante la voluntad inflexible de los conquistadores de Granada, que habían de amarrar un nuevo mundo al trono colosal de Carlos quinto.

Cristóbal Colón, natural de Génova, había pasado su preciosa existencia en viajes marítimos de más o menos importancia. Este hombre obscuro, más adelantado que su siglo en el conocimiento de la astronomía y de la navegación, conoció como por instinto que debía haber otro continente, y que le estaba reservada la eterna gloria de descubrirle. Los antípodas, que la razón condenaba como quimera, y la superstición como error o impiedad, eran para este hombre extraordinario una verdad incontrastable. Poseído de esta idea, la más grandiosa que ha concebido humano, propuso a Génova, su patria, poner bajo sus leyes otro hemisferio. Despreciado por esa débil república, por Portugal donde vivía, por Inglaterra, aunque pareciera siempre dispuesta a cualquiera empresa marítima, cifró las esperanzas de sus proyectos en Isabel.

Los ministros de esta princesa tuvieron desde luego por visionario a un hombre que quería descubrir un Nuevo Mundo, y por mucho tiempo lo trataron con la altanería que los hombres comunes, en medio de su fortuna, acostumbran a tratar a los hombres de genio. Colón empero, no se arredró a vista de las dificultades. Tenía como todos los que forman proyectos extraordinarios la grandeza de alma, el entusiasmo que les anima contra los juicios de la ignorancia, los desprecios del orgullo, las bajezas de la pereza; firme, enérgico, valeroso, su prudencia y su destreza triunfó de todos los obstáculos. Isabel vendió sus joyas y piedras preciosas; comprometió a su corte, y armadas que le fueron tres fragatas, tripuladas por noventa hombres, Colón se dio a la vela el 3 de agosto de 1492, para admirar al mundo.

Cristóbal Colón iba a transformar el antiguo mundo, y su empresa necesitaba un valor sublime. Después de una larga navegación, las tripulaciones, horrorizadas a la inmensa distancia que las separaba de su patria, empezaron a desconfiar de que llegaran al fin de sus deseos, y pensaron por muchas veces arrojar a Colón al mar, para volverse a España. El almirante disimuló cuanto le fue posible, hasta que, viendo ya el volcán amenazando el horroroso estallido propuso que si en tres días no descubrían tierra, darían vela para Europa. Afortunadamente antes de los tres días, en el mes de octubre, se descubrió el Nuevo Mundo. Colón abordó a la isla de San Salvador, y tomó posesión de ella en nombre de Isabel. ¡Nadie en Europa creía entonces injusto apoderarse de un país no habitado por cristianos! Los insulares, conturbados a la vista de los navíos, y de hombres tan diferentes a ellos, huyeron despavoridos a la profundidad de las selvas. Los españoles pudieron coger algunos, que llenos de caricias y presentes, volvieron a mandar a sus hordas, y fue lo bastante para atraerse toda la nación errante.

Entre festivo alborozo los desgraciados habitantes del Nuevo Mundo corrieron a la playa, y reconocían los navíos y acariciaban a los europeos. Los europeos al contrario, viendo hombres de color de cobre, sin barba en su rostro, sin bello en su cuerpo, en la simplicidad de la naturaleza, les miraron como animales imperfectos, nacidos para su desprecio, para amarrarlos a la férrea argolla, para venderlos en los mercados, y condenarlos a una eterna servidumbre.

Los insulares habitando las selvas, buscando los frutos de la naturaleza y satisfaciendo al pudor con sencillos tejidos, ignoraban el valor de los metales; y el despreciado cobre, y el oro ansiado, saciaban igualmente su cándido orgullo; adornaban sus templos, realzaban el atractivo de sus hermosas. Los invasores tendían en tanto a su alrededor penetrantes miradas, en busca de preciados metales y de piedras preciosas, y miraban con sonrisa, a los indios cargados de tesoros en sus adornos, y allá en su pecho meditaban el crimen y el despojo. ¡Oh, sublime Colón! jamás mancillará la historia tus virtudes; la ambición del saber, no la ambición del oro, te inspiró la existencia de otros nuevos continentes; si hubieras podido abrir el libro de los destinos de los pueblos, América yaciera en el olvido, y no turbaras las ondas de las tranquilas y lejanas playas, para verlas después enrojecidas de sangre. Sensible, tierno, virtuoso, tú fuiste el amor de los sencillos insulares, y el odio de la corte de Castilla; y tu memoria será cara al Nuevo Mundo, mientras viva en los pechos el recuerdo de tu virtud.

El celo infatigable de Colón por los descubrimientos, y el incentivo del oro en los castellanos, les llevó a la isla de Santo Domingo y a otros continentes de América. En tanto que Colón estuvo al frente de las tripulaciones, la ambición de los expedicionarios halló un dique insuperable; pero teniendo que volver a la corte de Castilla, teniendo que abandonarse a la inmensidad del piélago para nuevos descubrimientos, la usurpación, el fanatismo, la crueldad, la barbarie, desplegaron su furia contra los inocentes adoradores del Sol. Los indios, sin mas armas que su arco y sus flechas de madera, o espinas de pescados, en vano aventuraban choques con enemigos, cuyas armas, cuya disciplina les daban tantas ventajas. Mirados como dioses por sus débiles víctimas, antes de combatir entonaban la victoria, y sus trofeos eran bárbaramente ensangrentados. Colón empero aterraba a los malvados, y era el ángel protector de los indios; pero Colón sería el primer guerrero virtuoso que no fuera el juguete de los cortesanos y que no siguiera al fin las huellas de Belisario. La calumnia le asestó sus bárbaros tiros, y mandado encadenar en Santo Domingo, fue conducido a España como el más vil de los criminales. La corte, avergonzada de proceder tan ignominioso, le puso en libertad, pero sin vengarle de sus calumniadores, y sin restablecerle en sus títulos y funciones. ¡Tal fue el fin de este hombre extraordinario! El reconocimiento público hubiera debido dar al menos a este nuevo hemisferio, el nombre del atrevido navegante que lo había descubierto; y fuera el menos homenaje que pudiese tributar a su memoria; pero ya la envidia, ya la ingratitud, ya los caprichos de la fortuna que así disponen de la gloria, le arrebataron el don que le habían concedido los destinos, y se lo tributaron a Florentino Américo Vespucio, que sólo hizo seguir sus huellas. El primer instante en que la América fue conocida por el resto de la tierra, se selló con una injusticia; ¡fatal presagio de las de que habían de ser teatro aquellos desgraciados países!

Después de la caída de Colón y de la muerte de Isabel, los insulares comenzaron a sentir todo el horror de la suerte que les amenazaba. La religión y la política del siglo dieciséis, sirvieron de velo a la impía ley, que en 1506 dio Fernando el Católico, repartiendo los indios entre los conquistadores, para que los empleasen en las explotaciones de las minas y en todos los trabajos más penosos. En cuanto dejemos a estos bárbaros, se decía el libre ejercicio de sus supersticiones, ni abrazarán el cristianismo, ni doblarán la cerviz a la obediencia. ¡Oh digna política del siglo dieciséis!... Las islas se dividieron en multitud de distritos, y cada expedicionario obtuvo más a menos terreno, según su grado, su favor, o su nacimiento; y desde ese instante los indios quedaron esclavos, que debían a sus señores su sudor y su sangre; y esta horrible disposición se siguió en todos los establecimientos del Nuevo Mundo, recogiendo la corona exorbitantes derechos sobre los trabajos.

Los expedicionarios llenaron su ambición por algunos instantes; pero los débiles indios fatigados de un trabajo insoportable, o muertos al rigor de bárbaros castigos, desaparecían de sus fértiles campiñas, y apenas ya quedaran brazos vengadores para cuando tronara el instante de la venganza. En vano en el siglo dieciséis se clamara por los buenos principios de colonización; en vano se invocaran los derechos de la humanidad; la espada levantada, y el nombre del conquistador; el crucifijo en la siniestra y en la diestra la tea; la esclavitud o la muerte, el cristianismo o la hoguera; he aquí todos los grandes principios de la corte católica, como de todas las cortes de Europa, en el ominoso siglo dieciséis.

3
MÉXICO

Las preocupaciones religiosas y el fanatismo decidían en mucho en el siglo dieciséis la suerte de las naciones; y si los pueblos del antiguo mundo, después de haber recorrido varios sistemas filosóficos, y diferentes creencias, se habían, puede decirse, agrupado alrededor de la cruz, las naciones de los nuevos continentes eran víctimas también de las falsas predicciones de sus sacerdotes y profetas, y el terror religioso contribuyó a la dominación de aquellos imperios, tanto como el terror de las armas de sus conquistadores. Antes pues, de que nos alejemos a las playas del Perú, escena de nuestro inmortal protagonista, será preciso tender una mirada filosófica sobre los primeros continentes de América, descubiertos por los españoles, y particularmente sobre el colosal imperio mexicano, conquistado por el siempre inmortal Fernando Hernán Cortés. Los imperios de México y del Perú, reunían muchos puntos de contacto entre sí en sus preocupaciones religiosas y en las predicciones de sus profetas: en uno y otro imperio se esperaban grandes revoluciones que habían de venir de la parte del oriente, y esta semejanza de profecías resaltará tanto más a nuestros lectores, cuanto que tuvieron por origen religiones y sacerdotes, que formaban entre sí la antítesis más espantosa. En México se adoraba falsos y crueles ídolos, y antropófagos; sus sacerdotes tenían las santas aras de sangre humana: en el Perú se adoraba a la sublime deidad del sol, y los sacerdotes le ofrecían en el templo inocentes sacrificios de los frutos que prodigaba a sus adoradores. ¡O inexplicables arcanos de las aberraciones de la razón humana!

Después de la muerte de Colón, los españoles fueron formando importantes establecimientos en la Jamaica, Puerto Rico y Cuba; y Francisco Hernández de Córdoba y Juan Grijalva, en 1517 y 1518, adquirieron extensos conocimientos acerca del imperio mexicano, de su poder, de su extensión, de sus leyes y costumbres, etc.

La voz pública aclamaba para conquistador de México a Fernando Cortés, mas conocido entonces por las esperanzas que prometía, que por las hazañas que contaba. Robusto, vigoroso, elocuente, intrépido, sagaz y animado de todo el entusiasmo por la gloria, que forma la primera virtud de los hombres, Cortés tremolaría el estandarte de Castilla sobre las ruinas del trono de Motezuma. Tan halagüeña perspectiva presentara el primer héroe de América, si aun mayores crímenes no oscurecieran tanta gloria. Después de haber superado los obstáculos que le suscitaron los celos, y el aborrecimiento, se dio al fin a la vela el diez de febrero de 1519, con 518 soldados, 109 marineros, algunos caballos y alguna artillería. ¡Tan débil ejército iba a abrir una feroz campaña de tres siglos! Por cortos gastos que ocasionasen tan reducidas expediciones, nada suministraba el gobierno; todas se costeaban por particulares que se arruinaban y eran desgraciadas, pero que su buen éxito siempre extendía el imperio de la Metrópoli. Desde las primeras expediciones, jamás la corte trazó el plan, jamás abrió sus tesoros; jamás hizo levantamientos de gente; la sed de oro, el espíritu aventurero que entonces reinaba, excitaban la industria y la actividad.

Cortés desembarcó felizmente y atacó y venció a los indios de Tabasco, y los hizo sus aliados. Los españoles más frugales, más endurecidos en las fatigas, más acostumbrados a la intemperie de su clima ardiente que ningún otro pueblo de Europa, fueron entonces los únicos que pudieran sufrir las aflicciones de la guerra en la zona tórrida, y prepararse a tan desigual campaña. Apenas Cortés apareció en las costas de México, Motezuma que allí reinaba con el poder más absoluto, no pudo ocultar el terror que helaba sus miembros. Este terror que inspiraron a tan poderoso monarca un puñado de aventureros, excedería todo lo probable, si no se explicara por satisfactorias conjeturas y tradiciones.

El movimiento aparente o real de los astros en sus órbitas; los sorprendentes efectos de la mayor o menor oblicuidad de la esfera, las acciones y reacciones del mar, como primer agente de estos fenómenos, los combates eternos de los elementos, lanzan a los habitantes del globo en su peligro sensible, y en continuas alarmas sobre sus destinos. La superstición, el fanatismo han divinizado estas revoluciones físicas, y ha sido consiguiente el terror de los pueblos, sobre todo en los que son más sensibles y recientes las señales de estos fenómenos.

Tal cuadro presenta América, donde son más frecuentes las inundaciones, los volcanes y los grandes sacudimientos de la naturaleza; vastos golfos, inmensos lagos, innumerables islas, caudalosos ríos, altísimas montañas, todo atestigua los azotes y calamidades con que la naturaleza ha afligido a ese mundo; todo este terror proviene de la desolación, de que la impostura ha abusado en todos los tiempos, para reinar en la tierra. Como nada sucede, que no se halle bajo el aspecto de alguna constelación, se ha recurrido a las estrellas para explicar las desgracias de que se ignoraba la causa, y simples relaciones de situación entre los planetas, tienen en el espíritu humano, que siempre busca en las tinieblas el origen del mal, una influencia inmediata y necesaria en todas las revoluciones.

Sobre todo, los acontecimientos políticos, como los más interesantes para el hombre, se han creído de una próxima dependencia de los astros. De aquí las falsas predicciones y temores reales que han dominado en la tierra, y que se aumentan y arraigan en proporción de la ignorancia. Estas enfermedades del espíritu humano se hallaban ya en el Nuevo Mundo, y no se sabe, por qué tradición se presentía en Santo Domingo, en el Perú y otras regiones de la América septentrional, que llegarían extranjeros de la parte del oriente, que desolarían aquellos desgraciados países. No porque tuviesen noticias de nuestra existencia, sino porque acostumbrados, como todos los pueblos de la tierra a tender sus primeras miradas a donde nace el sol, imaginaban que las revoluciones que les amenazaban saldrían también de aquel punto del globo.

Esta superstición que formaba parte de los dogmas de México, apoyala por algunos recientes sucesos, bastante singulares, obraban profundamente en el alma naturalmente inquieta de Motezuma, cuando los castellanos desembarcaron en sus estados. Lo que él temía en general, y lo que oía decir en particular de aquellos extranjeros, confundiéndose en su turbado espíritu, creyó llegado el crítico momento anunciado por los astros a los profetas de su nación. Mandó diputados para ofrecer a Cortés los socorros que necesitase, y para suplicarle que saliera de sus posesiones; pero el jefe de los españoles respondió siempre, que necesitaba ir a hablar al emperador de parte del soberano del oriente. En vano los emisarios le amenazaron con el poder colosal del imperio; la obstinación rompió la lucha, y Cortés quemando los navíos para vencer o morir, marchó hacia México y halló poca oposición en su carrera.

Llegando a las fronteras de la república de Tlascala, pidió en vano paso y tuvo que combatir. Los Tlascaltecas eran poderosos y valientes, volaban impávidos a la muerte; sólo les fallaran armas para vencer... Dividido el país en muchos cantones, mandaban reyezuelos que llamaban Caciques: se ponían al frente de sus súbditos en la guerra, imponían contribuciones, administraban justicia, pero era preciso que sus leyes y sus edictos se confirmasen por el senado de Tlascala, que, compuesto de ciudadanos elegidos en cada cantón en asambleas populares, era el verdadero soberano.

Cortés atacando y venciendo a costa de mil peligros esta nación guerrera, con sus triunfos y su política los hizo sus aliados, porque de antiguo tiempo eran enemigos de los Mexicanos que les querían someter a su dominio, y le suministraron tropas y auxilios de toda clase. Con este socorro marchó Cortés hacia la capital al través de un abundante país, regado por apacibles ríos, y cubierto de ciudades y de jardines. La campiña fecunda en plantas desconocidas; poblado el aire de pájaros de brillantes plumajes; la naturaleza agradable y rica; la atmósfera templada; sereno el cielo; matizadas de flores las campiñas, todo respiraba la inocencia, el placer y el encanto. Pero tantas bellezas en nada conmovían a los expedicionarios; no eran sensibles a tan nuevo espectáculo; veían servir el oro de ornamento a las casas y a los templos; embellecer las armas de los mexicanos; fatigar con su peso a la hermosura y la ambición absorbía sus sentidos, y sólo ansiaban oro.

Motezuma vio con terror que Cortés no desistiese de pagar a su corte, y su ánimo abatido con sus preocupaciones no pensó en los medios de defensa. Mandaba treinta y tres caciques que hubieran armado poderosos ejércitos: sus riquezas eran inmensas; su poder absoluto; su pueblo ilustrado o industrioso, cual entonces los Europeos, guerrero y lleno de honor. Si hubiese puesto en movimiento su poder, afianzara su trono; pero Motezuma que había llegado al cetro por su valor, no mostró la menor presencia de ánimo, cuando pudo cargar sobre los invasores con todo su poder, y despedazarlos a pesar de sus armas y de su disciplina, y prefirió emplear contra ellos la perfidia.

Mientras en México les colmaba de presentes y de caricias, intentaba tomarlos a Veracruz, colonia fundada por los españoles para asegurar una retirada, o recibir socorros. Cortés que lo supo alarmó a sus compañeros. «Es preciso admirar a estos bárbaros con una acción sorprendente, les decía, he resuelto prender al emperador y hacerme señor de su persona.» Aprobado el plan y seguido de sus oficiales, fue al palacio del emperador y le intimó que eligiera entre la muerte o seguirlos. Ese príncipe, por una bajeza igual a la temeridad de sus enemigos, quedó prisionero, condenó a muerte a los generales que solo habían hecho obedecerle, y prestó homenaje al rey de España.

La envidia había suscitado enemigos a Cortés; y Narváez, por orden del gobierno de Cuba, desembarcó en las costas de Veracruz, con fuerza armada para despojarle del mando. Cortés buscó a su rival, le derrotó y le hizo prisionero; y atrayendo a los soldados por su confianza y magnanimidad, las fuerzas de Narváez engrosaron sus filas, y volvió a México donde había dejado doscientos hombres guardando al emperador.

Nada tenían los mexicanos de bárbaros, sino en su superstición; pero sus sacerdotes eran unos monstruos que abusaban horrorosamente del culto abominable que habían impuesto a la credulidad del pueblo. Reconocían un Ser supremo, una vida venidera, con sus perlas y sus recompensas, por estos útiles dogmas de absurdos y de horrores. Esperaban el fin del mundo, al fin de cada siglo, y aquel año, se abandonaban a todo el alborozo de la alegría. Invocaban a divinidades titulares e intermediatas; conocían las expiaciones y penitencias; numeraban milagros y tenían profetas.

Los sacerdotes, siempre antropófagos, ensangrentaban los altares con víctimas humanas. Inmolaban los prisioneros de guerra en el templo del Dios de las batallas, y los sacerdotes los comían y mandaban pedazos al emperador y a los principales señores del imperio. Si las paces duraban largo tiempo, los sacerdotes decían al emperador que los Dioses se morían de hambre, y se declaraba la guerra con el solo objeto de hacer prisioneros que inmolar en las aras. Todas estas ceremonias eran lúgubres y sangrientas; la religión atroz y terrible lanzaba a los hombres en el terror, y debía hacerlos inhumanos, y a los sacerdotes todo poderosos.

En cuanto Cortés batió a Narváez, la nobleza mexicana, indignada de la cautividad de su príncipe, y el celo indiscreto de los españoles que, en una fiesta pública en honor de los Dioses del país, derribaron los altares y degollaron a los adoradores y a los sacerdotes, todo había hecho concitar al pueblo a las armas. No se pudiera acriminar a los invasores su oposición a tan bárbaros dogmas, sino les hubieran destruido, arrojándose sobre el pueblo indefenso para degollarlo, y si no hubiesen asesinado a los nobles para robarlos.

Al volver Cortés a México halló a sus compañeros estrechamente sitiados y entró en su cuartel a duro esfuerzo. Los mexicanos hacían prodigios de valor, y Motezuma, que salió a la muralla a persuadirles la armonía con sus opresores, murió a los dardos de su pueblo. Cortés conoció la necesidad de retirarse; sus soldados cargados de oro no todos pudieron seguir la retirada; perecieron muchos en el valle de Otumba, amenazó a todos la muerte, pero, al fin Cortés con valor e ingenio, llegó al país de los Tlascaltecas, sus aliados.

El sistema político y las creencias religiosas habían sembrado la desunión en el imperio, y Cortés con su talento se supo aprovechar de esta ventaja. Con débiles socorros de las islas españolas, y con algunas tropas que obtuvo de la república de Tlascala, hizo nuevos aliados y volvió a atacar la capital del imperio. México era una isla en medio de un gran lago, que contenía veinte mil casas, un pueblo numeroso y magníficos edificios. El palacio del emperador, construido de mármol y jaspe, era sólo tan grande como una ciudad. Jardines, fuentes, baños, ornamentos, templos suntuosos, tres mil palacios de caciques, todo daba a la capital una extensión inmensa. Había al rededor del lago hasta setenta ciudades; doscientas mil canoas surcaban las ondas y mantenían las activas relaciones; y sólidas calzadas formaban el orgullo de la industria mexicana. El imperio era electivo, y después de la muerte de Motezuma subió al trono Guatimazin, valiente e intrépido guerrero, que puso a la capital bajo un brillante estado de defensa.

Cortés comenzó la campaña asegurándose de los caciques que

reinaban en las ciudades de las márgenes del lago. Unos unieron sus tropas a las del vencedor, los demás fueron vencidos, y Cortés se apoderó de las tres calzadas por donde se comunicaba México. Quiso apoderarse también de la navegación del lago, construyó bergantines que armó con parte de su artillería, y bloqueando a México, esperó que el hambre le diese el imperio del Nuevo Mundo.

Guatimazin hizo esfuerzos extraordinarios para levantar el bloqueo; sus vasallos combatieron con más furor que nunca, pero los españoles sostuvieron sus trincheras, y rechazaron y persiguieron al enemigo hasta el centro de la ciudad.

Cuando los mexicanos dudaron de la victoria, y ya les faltaban víveres, quisieron salvar a su emperador, y él consentía en ello gustoso para continuar la guerra en el norte de sus estados. Una parte del ejército corrió noblemente a la muerte para facilitarle su retirada, distrayendo y ocupando al enemigo; pero un bergantín se apoderó de la canoa en que iba el generoso e infortunado monarca. Julián Alderete, oficial español creyó que Guatimazin tenía ocultos tesoros, y para obligarlo a declarar lo hizo tender en ascuas. Entonces el héroe americano repetía aquellas célebres palabras; «¡ha! estoy en un lecho de flores.» Muerte comparable a todos la que la historia ha trasmitido a la admiración de los hombres. Si algún día los Mexicanos escriben las actas de sus mártires, y la historia de sus perseguidores, se verá a Guatimazin sacado medio muerto de un horno enrojecido, y ahorcado a los tres años públicamente, bajo pretexto de haber conspirado contra sus destructores.

En los gobiernos despóticos, la muerte, o la prisión del soberano, y la toma de la capital, arrastra tras sí generalmente la sumisión de todo el estado. Tal fue la conquista de México. Todo el imperio se sometió a los españoles, y no llenó su ambición, aunque tenía quinientas leguas de longitud, y casi doscientas de latitud. Eran precisos nuevos mundos y nuevos imperios, y otros héroes, y otras victorias, añadieron nuevos mundos al glorioso trono de Castilla.

4
PIZARRO, LUQUE Y ALMAGRO

En cuanto Colón pudo refresca sus cortas tripulaciones en la isla de Santo Domingo, y establecer una pequeña colonia que le sirviese de punto avanzado para las grandes excursiones que meditaba, se dio de nuevo a la vela cediendo a sus instintos. Reconoció en una de sus expediciones el Orinoco, y en otra la bahía de Honduras. Concibió que aquellos países formaban un continente, y deducía también que mis allá habría otro Océano que bañase las playas de las Indias Orientales, y que estos dos mares tuviesen comunicación entre sí, que el atrevido navegante buscaba ansioso. Sondeaba las costas, desembarcaba cuando le era posible, y siempre justo y humano se granjeaba el amor de los habitantes de todo los países. El istmo de Darién llamó particularmente su atención; siguió los ríos que allí se arrojan por un brazo del grande Océano, que unía por un estrecho las mares del Sud y del Norte de América, y creyó su plan realizado; pero halló burladas sus esperanzas, y se limitó a establecer una colonia: mas la avaricia y la imprudencia de sus compañeros, le enajenaron la buena voluntad de aquellos habitantes, que atacaron a los expedicionarios, y Colón tuvo que reembarcarse, y huir en sus débiles navíos que averiados y despedazados, no se prestaban a nuevas empresas.

Empero, no fueron estériles estas expediciones; Americ Ojeda, Niño, Bastidas y otros, prosiguieron la ruta que Colón les había indicado, pero aventureros que no recibían del gobierno más que la vana licencia de hacer descubrimientos, ni pensaban en establecer colonia, ni en más que llenar su ambición y su orgullo. ¡El oro y la sangre corrían de un mundo al otro! Entre la multitud de aventureros que saqueaban y desolaban aquellas desgraciadas costas, se halló un hombre, Vasco Núñez de Balboa, a quien la naturaleza había dado exterior agradable, temperamento robusto, y elocuencia popular: y en quien la educación había hecho germinar nobles sentimientos. Estableció una colonia en Darién, donde no dejaban de abundar las riquezas: pero un día repartiendo oro con uno de sus asociados comenzaron a reñir agriamente. Entonces indignado un salvaje que los servía, tiró con rabia el peso, y dijo a los dos españoles ¿y reñís por cosa tan despreciable? Si por este vil metal abandonáis vuestra patria, y turbáis la quietud de tantos pueblos, venid, yo os llevaré donde quedéis saciados. Cumplió su palabra, y los condujo a las costas del mar del Sud.

Panamá, que se estableció el 1518, abrió una nueva y vasta carrera a la inquietud y avaricia de los europeos. El Océano que bañaba sus muros conducía al Perú, cuya riqueza se ponderaba de una manera vaga; y aunque se exageraban las fuerzas de ese vasto imperio, no intimidaban a la avaricia que excitaban sus tesoros. Tres hombres nacidos en la oscuridad, mas para grandes empresas, meditaron arruinar a sus expensas un trono que contaba muchos siglos de gloria.

Francisco Pizarro, el más conocido de todo, era de un temperamento robusto, de un valor impávido, de una ambición sin límites, y de un alma dispuesta a la virtud y al crimen. De musculatura nerviosa y atlética, de larga y negra barba que cubría su ancho pecho, con talle airoso y desenvuelto, ojos negros dilatados y centellantes, tocando en los cuarenta años de edad, todo su continente arrogante, indicaba aquella presunción irresistible que nace de las propias fuerzas. Siempre intrépido y activo se había hallado en todas las expediciones del Nuevo Mundo, y en todas se distinguió, y en todas fue respetable el nombre de Pizarro. El uso que había hecho de sus fuerzas físicas y morales, lo daba la presunción que nada había superior a sí mismo y la conquista del imperio del Perú, le pareciera una empresa muy inferior a sus recursos.

Diego de Almagro, su asociado, era un guerrero endurecido entre las borrascas y las lides, y siempre sobrio, paciente e infatigable, despreciaba los peligros, y volaba impávido a la victoria, adornado de las cortas virtudes del siglo dieciséis. De airoso y esbelto talle, de facciones redondas y agraciadas, de vivos y rasgados ojos, cortés y galante, cuando apenas contaba treinta y cuatro años de edad, formaba el conjunto de una gallarda persona; más remarcable por su destreza en el manejo de las armas, que por las extraordinarias fuerzas que alcanzara. Pero por considerable que fuese la fortuna de estos dos soldados, no bastaba a cubrir las atenciones de la vasta conquista que se meditaban, y se asociaron también a Fernando Luque, sacerdote codicioso, y prodigiosamente enriquecido por todos los medios que la superstición prestaba a su estado en el siglo dieciséis. De cincuenta años de edad, pequeño y giboso; de nariz larga y aguileña, cejas negras y pobladas, ojos hundidos, y contraídas facciones, Luque tenía un personal repugnante, y aun asqueroso. Estos tres célebres hombres formaron una solemne asociación para la conquista del Perú por partes iguales, encargándose Pizarro y Almagro de la parte militar, y Luque de la religiosa. Habían entre sí de dividirse el imperio peruano, y este plan ambicioso fue sellado aun por el fanatismo, consagrando Luque públicamente una hostia, que se dividía en tres partes para él y sus compañeros; y una asociación que tenía por objeto el pillaje y la destrucción, fue ratificada en nombre del Dios de paz, jurando por la sangre divina enriquecerse a costa de torrentes de sangre humana. ¡Oh criminal abuso del cristianismo en el siglo dieciséis!

En 14 de noviembre de 1525 se dio al fin a la vela Pizarro con un débil navío y ciento doce hombres de tripulación y armas; Almagro debía conducirle refuerzos, y Luque quedaba al frente de las relaciones en Panamá, hasta que la ambición reuniera a los tres socios en los valles del Perú, para dividir ansiosos su presa. Sin exactos conocimientos en la teoría de los vientos y de las corrientes, Pizarro vagó perdido entre las olas por espacio de setenta días; tocó al fin en varias playas de tierra-firme, y se convenció de lo desagradable del país que ya otros le habían descrito con verdad. Terrenos bajos y pantanos, montañas cubiertas de impenetrables bosques, pocos habitantes, pero feroces y valerosos, era cuanto descubrió su ambición. El hambre, la fatiga, los frecuente combates con los naturales del país, y más que todo las enfermedades comunes y propias de los países los países húmedos, debilitaron y casi destruyeron su despreciable ejército expedicionario, y se halló en la necesidad de abordar a la isla *Cuchamá*, frente de la isla de las Perlas, en donde esperaba recibir de Panamá refuerzos y provisiones.

En tanto, reuniendo gente en Panamá, se dio al fin Almagro a la vela con setenta hombres para buscar a su compañero y prestarle auxilio. En vano desembarcó también repetidas veces en tierra-firme, indagando el paradero de Pizarro; los indios le atacaron y le destruyeron, y derrotado y aun herido, sufriendo los mismos quebrantos que su compañero, halló en la fuga su salvación, pero la suerte le condujo a Cuchamá, donde le esperaba su amigo. El 14 de junio fue cuando la expirante tripulación de Pizarro vio surcar un bajel a aquellos desconocidos mares, y al tremolar la bandera de Panamá, mutuamente un éxtasis divino se apoderó de los desalentados corazones, y nació el consuelo tras tardas lunas en los angustiados pechos. Después de mudos abrazos se consolaron contándose sus tristes aventuras y sus naufragios, y cada hondo suspiro que exhalaban, infundía en su alma un valor insuperable.

Ni la memoria de los peligros ni el aspecto de la muerte en desconocidas y lúgubres playas, desalentaron aquellas almas nacidas para grandes empresas. Almagro partió para Panamá con objeto de hacer nuevos reclutas, y Pizarro se abandonó de nuevo a merced de los vientos en busca de los países de oro. Después de haber sufrido las mismas calamidades que en su primera expedición, abordó a la bahía de San Mateo, en la costa de Quito, y desembarcó en Tamames, países más fértiles y más civilizados que los que había reconocido en las costas del mar del Sud. Seguía el curso de sus investigaciones, cuando el cielo previsor rompiendo sus cataratas mandó al trueno y a los rayos que sepultaran la débil nao, mensajera de tantos horrores, y se cruzaron los rayos, y mugieron las ondas con espanto, y despedazaron la frágil nave. Un destino protector presentó cercana a los náufragos la isla Gorgona, o Infernal, donde pudieron salvarse la mayor parte de los que el cielo y el piélago parecían condenar a muerte.

En esta isla llamada comúnmente la Infernal, por la intemperie de su clima, por sus impenetrables bosques y escarpadas montañas, por la multitud de insectos y reptiles que cubre su suelo, por la eterna noche a que la condenan las cerradas nieblas, se detuvo Pizarro por cinco meses, no para tomar aliento y procurar su salvación, sino para rehacer su nave y buscar nuevos peligros. Difícil fuera pintar los tormentos que sufrieron los castellanos en aquella mansión de muerte; pero aun no domado su esfuerzo partieron por tercera vez en busca de las ricas playas; y a los veinte días descubrieron las costas del Perú.

Después de haber tocado en diferentes puntos poco considerables, desembarcó en Tumbez, ciudad bastante populosa, situada al tercer grado del Sud del Ecuador, donde hallaron un grande templo y un palacio de los Incas, soberanos del país. Allí los españoles admiraron por primera vez el espectáculo de la opulencia y civilización del imperio peruano, viendo una comarca poblada y cultivada con industria, y los naturales decentemente vestidos; pero llamó mas particularmente la atención una abundancia tal de oro y plata, que estos metales no sólo servían para ornamento de los templos, sino también para vasos y utensilios comunes de uso doméstico, lo que no dejaba duda de que habría una inmensa abundancia en el país. Pizarro y sus compañeros creyeron realizadas ya sus esperanzas, no dudaron creyeron hallarse en posesión de vastos dominios y de inagotables tesoros.

Sin embargo, Pizarro conoció que no podía envestir un grande imperio con tan débil columna; reprimió su ambición, sondeó las costas, siguiendo la mejor armonía con los habitantes, y por mil atenciones consiguió de su generosidad algunos animales domésticos, algunos vasos de oro y plata, y algunas obras de industria; seguras pruebas que había de presentar en testimonio del descubrimiento de los nuevos continentes, y se dio a la vela para Panamá, donde abordó a los tres años de su salida. No, ningún aventurero sufrió tantos trabajos ni arrostró tantos peligros como Pizarro en su peregrinación de los tres años, y su paciencia y su valor excedieron a cuantas heroicidades nos presenta la historia del Nuevo Mundo.

Ni las relaciones que Pizarro hizo de los países que había descubierto, ni todos los esfuerzos de los asociados, pudieron empeñar al gobernador de Panamá a que les prestara alguna protección. Al contrario creía que la colonia no estaba en estado de invadir un poderoso imperio y se negaba autorizar una expedición que pudiera arruinar la provincia encargada a su mando, extrayéndola brazos que necesitaba; pero toda su oposición no pudo debilitar el ardor de los tres asociados. Conocieron que tenían que seguir la ejecución de su proyecto sin la protección del gobernador, o solicitar de su soberano el permiso que le negaba el administrador de la provincia, y Pizarro voló a Madrid a conseguir sus comunes deseos.

La larga historia de sus padecimientos, y las pomposas relaciones que hacía de los países que había descubierto, confirmadas por las producciones recogidas en Tumbez, hicieron tal impresión en Carlos y en sus ministros, que no sólo aprobaron el proyecto de una nueva expedición, sino que animaron al jefe para que la realizara. Pizarro fue nombrado gobernador, capitán general y adelantado de todos los países que descubriesen con una autoridad absoluta, tanto en lo civil como en lo militar, con todos los privilegios hasta entonces concedidos a los conquistadores del Nuevo Mundo; Almagro, su lugarteniente, y Luque, Vicario general de todos los dominios de Pizarro. Con tan buen éxito en la corte de España, volvió de nuevo a Panamá a unirse con sus asociados, y a hacer los últimos esfuerzos.

A pesar de todo, ya carecían de fondos, y aun haciendo inmensos sacrificios sólo reunieron tres pequeños buques y ciento noventa y cinco soldados, con treinta y siete caballos; pero tal superioridad inspiraban entonces sus victorias en América a los españoles, que Pizarro con tal débil columna, no dudó embestir al poderoso imperio que había de saciar su ambición y su codicia. Se dio a la vela en febrero de 1531, y fue a desembarcar a la bahía de San Mateo llevado de la fuerza de los vientos y de las corrientes, pero se dirigió hacia el sud, sin abandonar las riberas para recibir con más facilidad los socorros que esperaba de Panamá. Nuevos y grandes padecimientos probaron su valor y paciencia en esta marcha. Pizarro en vez de procurarse la confianza de los habitantes los atacó imprudentemente, los obligó a huir de sus inocentes asilos, y la guerra, el hambre, el cansancio y las enfermedades propias del país, redujeron a los invasores a tan crueles extremidades como habían sufrido en la expedición primera. La costa del Perú es en algunas partes estéril, malsana, y poco poblada; los ríos caudalosos, veloces y difíciles en su travesía, pero para el valor de los españoles era posible y fácil, y si la victoria les aseguraba botín y gloria, suyo era el triunfo.

Llegaron al fin a la provincia de Cosque, y sorprendiendo a los habitantes de la capital, se apoderaron de vasos y ornamentos de oro de valor de treinta mil pesos, y otras muchas riquezas, que eclipsaron la desconfianza que hubiera podido concebir en vista de las estériles tierras que habían corrido. Siguieron su marcha llenos de confianza, atacando con impetuosidad a los tranquilos habitantes que se sometían, o huían al interior de sus tierras. Esta aparición repentina de extranjeros que invadía su país, cuya figura y costumbres les eran igualmente extraordinarias, y a que nada podía resistir, hizo en los peruanos la misma impresión de terror que habían causado en las otras naciones de América. Atacando, venciendo y desolando llegó al fin Pizarro a Pinca, y a Tumbez, donde dio descanso a sus tropas y esperó a Almagro y a Luque. ¡He aquí los hombres, el ejército, y los recursos con que se emprendía la conquista de un vasto imperio a cuatro mil leguas de la Metrópoli!

¡Gloria y prez eterna a tanto valor y osadía! ¡¡¡Gloria eterna a los españoles y al glorioso reinado de Carlos quinto, que al tiempo que sus armas vencedoras humillaban la altivez de la Europa entera, conquistaban también un Nuevo Mundo, y abrían al porvenir y a los más remotos siglos un torrente inagotable de felicidad y de ventura!!!

5
EL PERÚ

La América Meridional en el siglo dieciséis contaba infinidad de tribus y naciones en su inmenso territorio desde el istmo de Panamá hasta el cabo de Hornos; la mayor parte desconocidas en aquellos tiempos; sin que los españoles penetrasen en sus gloriosos triunfos más allá de la punta Rumena y el río Colorado. Al desembarcar Pizarro en las playas del Océano equinoccial, el grande imperio del Perú era la nación más poderosa y más vasta de aquellos continentes, extendiéndose quinientas millas del Norte al Mediodía por toda la costa del mar de Sud, y cerrada del Este al Oeste por las gigantescas montañas de los Andes que se extienden de un confín al otro en toda su longitud.

Originariamente el Perú, como todo el Nuevo Mundo, estaba dividido en tribus errantes e independientes que se diferenciaban entre sí tanto por sus costumbres como por sus grotescas maneras. Sin cultura y sin industria, sin derecho ni obligaciones sociales, los peruanos vagaban en sus tiempos originarios como hordas salvajes que vivían especialmente de la caza y de la pesca. Pero así como todos los pueblos de la tierra han tenido su origen de civilización, también los peruanos, dos siglos y medio antes de la aparición de los españoles en sus costas, debieron a la ventura dos seres justos, magnánimos e ilustrados que los condujeron dulcemente a la sociabilidad.

En efecto, en las márgenes del gran lago de Fititaca aparecieron por los años de la nueva era dos seres sublimes, de majestuoso talle y civilizadas maneras, que se propusieron lograr la civilización de aquel imperio; y como todos los legisladores célebres, recurrieron a la superstición, y tomaron el nombre de Dioses, para hacerse superiores a los hombres, que habían de mandar. En vano entre pueblos en que apenas se conocía el raciocinio, hubieran recurrido esos legisladores a remontadas y metafísicas teorías para comenzar a llamar la atención de los salvajes; y era preciso que recurriesen a objetos físicos que estuviesen bajo el imperio de las sensaciones. Nada más acertado que alzar los ojos al majestuoso Padre del día, cuya divina influencia es sensible a los salvajes. Al bordar su hermosa púrpura el rosado Oriente, huyen las lúgubres y melancólicas tinieblas, despliegan las avecillas sus canoros picos, se anima el bosque, crecen las flores y reina la alegría. Entonces el salvaje templa su arco y aguza su aljaba, tiende sus redes y adora al Dios de la luz. El sublime culto de la adoración del Sol estaba al alcance de los habitantes del Nuevo Mundo, y los sabios legisladores se anunciaron como hijos de esa benéfica deidad, que mirando compasiva los males de la raza humana, decían que los mandaba para instruirla, reformarla y hacerla feliz. Sus exhortaciones, unidas al respeto que inspiraba la deidad, a nombre de que se anunciaban, determinaron a muchos de los salvajes errantes a reunirse entre sí, y recibiendo como órdenes del cielo las instrucciones de esos dos seres extraordinarios, los siguieron a Cuzco donde se establecieron y fundaron una ciudad.

Manco Capac, y Mama-Ocollo, (tales eran los nombres de los dos anunciados por hijos del Sol) reuniendo así muchas tribus errantes, establecieron entre los peruanos esta unión social que, multiplicando los objetos de deseo, y combinando los esfuerzos de la especie humana, excita la industria y anima a los progresos de todas clases, les dieron sabias leyes, y les inspiraron aquella sana moral que labra la felicidad de las naciones; y Manco Capac sería acaso el primero de todos los legisladores, si Confuceo no le aventajara en no haberse valido de la superstición para hacer recibir y observar la moral y las leyes.

Manco Capac estableció la adoración del Sol y se construyeron templos, se abolieron los sacrificios humanos, y sólo sus descendientes fueron los primeros sacerdotes de la nación peruana, como hijos del Sol, deidad benéfica y protectora del imperio. Manco Capac dio sabias y severas leyes a su nación, que sus súbditos creían emanadas del Sol que iluminaba sus acciones; la violación de una ley era un sacrilegio, y en sus actos religiosos revelaban sus más secretas contravenciones y pedían su castigo. Los Incas (señores o reyes del Perú) descendientes también de Manco Capac y Mama-Ocollo, e hijos por lo tanto del Sol, eran los más virtuosos de todo el imperio; su conducta era el modelo de las acciones de sus súbditos, y jamás un Inca cometió un crimen. Tan benéficos monarcas, nunca supieron abusar del poder absoluto y omnímodo depositado en sus manos, y por sabios y sencillos reglamentos, escritos en imperfectos jeroglíficos o quipos, se establecieron las diferentes jerarquías sociales y los impuestos imprescindibles, pero siempre módicos y suaves para el sostenimiento del emperador y damas oficiales del imperio, como para la pomposa ostentación del culto del Sol, y la construcción de sus magníficos templos embovedados de oro y plata.

Los Incas o señores del Perú eran tan absolutos como los soberanos de Asia, y respetados, no solamente como monarcas, sino también como deidades: su sangre se miraba como sagrada, no se permitía que se degradara por mezcla alguna y estaban prohibidos los matrimonios entre el pueblo y la raza de los Incas, si bien se les permitía pluralidad de concubinas para que se multiplicase la raza del Sol. Su familia se distinguía por ropajes y ornamentos que nadie podía usar; jamás el monarca se presentaba en público sin los distintivos del trono, y recibía de sus súbditos muestras de respeto que casi llegaban a la adoración.

Pero este poder ilimitado de los monarcas del Perú, estuvo siempre unido a un tierno desvelo por la felicidad de su pueblo. Si hemos de creer a los textos indios, no la pasión de conquistadores llevó a los Incas a extender su imperio, sino el deseo de derramar las ventajas de la civilización, y los conocimientos de las artes entre los pueblos bárbaros que sometían: en la sucesión de doce reyes ningún Inca se había separado de este carácter benéfico, ningún Inca había dejado de hacer feliz a su pueblo.

Tan bella perspectiva en lo moral ofrecía el Perú al desembarco de los españoles en sus playas, y la suntuosidad de sus templos y palacios, seis grandiosos caminos, sus puentes, y los monumentos en fin, cuyos restos aun admira el pueblo conquistador que los hundió en polvo, probarían los adelantos de los peruanos en las artes, en la industria y en la mecánica. Pero desgraciadamente desconocían la escritura, y su legislación e historia hubiera precisamente de resentirse de todas las fatales consecuencias de las naciones tradicionales, por lo que con sobrada razón merecemos la benignidad de nuestros lectores, si cometiésemos alguna inexactitud en esta historia, al interpretar los quipos o alfabetos peruanos, mucho más imperfectos que los jeroglíficos de México.

Con estas ligeras indicaciones podremos fácilmente formar completa idea del estado físico y moral del vasto imperio que el intrépido Pizarro se propuso atar al carro vencedor del poderoso Carlos V, y deducir claramente cómo las preocupaciones y el fanatismo de unos y otros pueblos en el siglo XVI nivelaban las fuerzas del vasto imperio del Perú, con las fuerzas de Pizarro, seguido de un puñado de aventureros.

La dulzura de la religión del imperio contribuía sobremanera a la pureza de sus costumbres y a su felicidad. Manco Capac dirigió todo el culto religioso hacia los objetos de la naturaleza. El Sol, como la primera fuente de la luz, de la fecundidad de la tierra y de la felicidad de sus habitantes, era el primero y principal objeto de su adoración; y la luna y las estrellas secundando al Sol en su benéfica influencia, obtenían después el homenaje de los peruanos. Siempre que el hombre contemplando el orden y la magnificencia que realmente existe en la naturaleza adora un poder superior, el espíritu de la superstición es dulce y apacible; pero al contrario, cuando se han supuesto rigiendo al universo obras de la imaginación y del terror de los hombres, la superstición toma las formas más crueles y atroces.

La primera de estas religiones era la de los peruanos, y la segunda la de los mexicanos. Las ceremonias del culto dirigido al astro radiante que por su energía universal y vivificante, es el más hermoso emblema de la beneficencia divina, eran dulces y humanas. Ofrecían al Sol una parte de los frutos que su calor había hecho producir a la tierra, le sacrificaban en testimonio de su reconocimiento algunos animales de los que comían, y cuya existencia se multiplicaba por su influencia: le presentaban obras escogidas y preciosas de industria de sus manos alumbradas por su luz. Jamás los Incas tiñeron los altares de sangre humana, jamás se imaginaron que el Sol, su padre, pudiese complacerse en recibir tan bárbaros sacrificios. Así, los peruanos, lejos de ese culto sangriento que embota la sensibilidad, y que ahoga los movimientos de la compasión a vista de los sufrimientos del hombre, debían al espíritu mismo de su superstición un carácter nacional más dulce que el de los damas pueblos de América.

Esta influencia de la religión se extendía hasta a sus instituciones civiles. El poder de los Incas, aunque el más absoluto de los despotismos, se mitigaba por la influencia de la religión. El ánimo de los súbditos no se humillaba ni vilipendiaba por la idea de una sumisión forzada a un ser semejante a ellos: la obediencia que prestaban a su soberano revestido de una autoridad divina, era voluntaria y no les degradaba. El monarca convencido de que la sumisión respetuosa de sus súbditos dimanaba de que le creyesen de un origen celestial, no perdía de vista los motivos que le impelían a imitar al ser benéfico a que representaba; y así, apenas se halla en la historia del Perú una revolución contra el príncipe reinante, y ninguno de los doce Incas fue tirano.

En las guerras que entre sí empeñaron los Incas, se condujeron con maneras muy diferentes a las de las otras naciones de América. No combatían como los salvajes para destruir y para exterminar, ni como los mexicanos para arrastrar a los prisioneros a ensangrentar las aras de bárbaras deidades: hacían la guerra para civilizar a los vencidos y por extender los conocimientos y las artes. No exponían a los prisioneros a los insultos y a los tormentos a que se destinaban en todas las naciones del Nuevo Mundo: los Incas tomaban bajo su protección los pueblos que sometían y los hacían partícipes de todas las ventajas de que gozaban sus súbditos. Esta práctica tan opuesta a la ferocidad americana y tan digna de la humanidad de las naciones más civilizadas, debía sólo atribuirse al genio de su religión. Los Incas, considerando como impío el homenaje tributado a otro cualquiera objeto, que no fuese a las potestades celestes que ellos adoraban, llevaban tras sí el genio del proselitismo, pero conducían en triunfo al grande templo de Cuzco con los ídolos de los pueblos conquistados, y se colocaban como trofeos que mostraban el poder de la deidad protectora del imperio, y al pueblo se le trataba con dulzura y se le instruía en la religión de los conquistadores para tener la gloria de aumentar el número de los adoradores del Sol. Pero si estas costumbres puras y patriarcales de los peruanos en el siglo XVI los constituían un pueblo feliz interiormente, su poder material era bien limitado. Cubiertas sus necesidades con las producciones de su suelo, desconocían absolutamente el comercio, e ignoradas sus playas de todos los demás pueblos de la tierra, ni conocían la navegación, ni otros países, ni otros hombres, ni otras costumbres, ni otros Dioses, ni otras alteraciones del espíritu humano. Si habían sostenido guerras con las tribus de sus comarcas, desconocían absolutamente la fabricación y uso de armas cortantes y matadoras; sus numerosos ejércitos ignoraban la táctica y estrategia de los movimientos, sus victorias se las daba el número y el valor, no los recursos artificiales de los ejércitos europeos; y el uso de la mosquetería y artillería, el de la caballería, y los recursos de los movimientos militares, eran para los peruanos cosas muy superiores en aquel siglo a lo que hubiesen ellos ni siquiera podido concebir en el arte de la guerra.

Los españoles al contrario, avezados a la, guerra en ochocientos años de combates con los sarracenos; de musculatura endurecida en los campos de batalla y en los naufragios, eran en aquel siglo el terror de toda Europa. Revestidos de cotas y mallas que los hacían invulnerables a las débiles flechas y lanzas de los peruanos, poseedores exclusivamente en aquellas comarcas de los espantosos efectos de la inflamación de la pólvora, pertrechados de alguna artillería, maniobreros y tácticos en los movimientos militares, mandando la muerte a doscientos pasos de sus armas, asemejando el estampido del cañón al trueno que anunciaba a sus enemigos las iras de su Dios irritado, todo al fin les daba tal superioridad en aquellas comarcas, que cada aventurero sería un Dios, que amenazara terrible con su cólera a todo el imperio de los Incas.

Por otra parte, ya hemos visto la influencia que en la conquista de México tuvieron las predicciones del país, que anunciaban que venidos del Oriente habían de llevar grandes revoluciones al imperio, y en el Perú existían iguales profecías de que, venidos del Oriente habían de dar nuevas leyes al país. Tan pronto como Pizarro desembarcó en el imperio se tuvo por cumplida la profecía, de que nuevos hijos del Sol tenían la misión divina de dar nuevas leyes al país. El terror que en México se apoderó de Motezuma, halló también a Atahulpa (Inca del Perú) y a todo su imperio, y la fuerza moral que a Pizarro le daban estas predicciones, le colocaban en la más ventajosa posición, si sabía sostener su carácter sagrado.

Hemos observado también el terror religioso con que miraban los peruanos a la familia y raza de los Incas, porque como descendientes de Manco Capac y Mama-Ocollo, eran hijos del Sol, hijos del Dios que adoraban; y tenidos también por hijos del Sol los venidos del Oriente, preciso fuera que los peruanos tuviesen por un sacrilegio atacarlos y dirigir contra ellos sus flechas, que siempre impotentes contra las férreas cotas y armaduras de los españoles, los confirmaría más y más en la preocupación de que, como hijos de su Dios eran invulnerables. Al contrario, los invasores, acostumbrados a hallar en todos los continentes del Nuevo Mundo hombres de color de cobre, sin barba que los cubriera, y casi en la simplicidad de la naturaleza, que huían despavoridos al trueno de sus mosquetes, casi se desdeñaban de tenerlos por hombres, y los creían más bien animales nacidos para saciar su ambición y su orgullo. El siglo XVI por otra parte envuelto en sangriento y negro manto de fanatismo religioso, exterminaba a sangre y fuego todas las creencias que se separasen de la cruz; y si en Europa se perseguían con furor los creyentes de Mahoma, en los continentes americanos se exterminarían sin piedad los adoradores del Sol y de todos los otros ídolos, creyendo así los fanáticos del siglo XVI que ejercían piadosas obras ante los ojos de su Dios, que hacían tan bárbaro como a su siglo. Los peruanos pues, creían combatir con Dioses invulnerables: los invasores con despreciables seres de figura humana, cuyo sudor y cuya sangre reclamaba el poderoso trono de Carlos V y el Dios muerto en el Calvario.

6
TUMBEZ

Diestramente derramó Pizarro por Panamá y las Colonias inmediatas las inmensas riquezas que sustrajo de la capital de Coaque, y así hizo en breve concebir por todos aquellos países las más ventajosas ideas de los tesoros del Perú, y se extendió la fama, y mil aventureros de todas partes volaban ansiosos a dividir el rico botín y a saciar su codicia. Acuartelado en Tumbez esperaba la llegada de sus compañeros para emprender la conquista del imperio, y en tanto tomaba noticias de las costumbres de los peruanos, aprendía su lengua y se preparaba al triunfo.

Los peruanos no podían formar exacta idea del objeto con que los españoles ocupaban su país y se perdían en un mar de conjeturas. ¿Debieran mirar a esos extranjeros tomo seres de una naturaleza superior, que iban a castigar sus crímenes y a labrar su felicidad, o ya como enemigos de su libertad y de su reposo? Las protestas que les prodigaban los venidos del Oriente, de que habían ocupado aquel país para conducirlos al conocimiento de la verdad y a la ventura, daban alguna probabilidad a la primera opinión; pero atendidas sus violencias, su rapacidad y su conducta, no podían menos de temer de tales extranjeros. De todos modos la tranquilidad de ánimo es siempre inconciliable con la superstición y las preocupaciones. Los peruanos creían ofendido al Sol, su Dios y su padre; creían a los castellanos sus vengadores, y la turbación era necesaria.

Desde que Pizarro sentó su cuartel en Tumbez, mandó circunstanciadas noticias a Luque y Almagro acerca de las esperanzas que prometían los países de oro que ocupaba. Llenas de ambición y de fanatismo esas dos almas, se dispusieron desde luego a volar al peligro, ya para resarcir los grandes desembolsos de la expedición, ya para extender su sistema religioso, ya por eternizar sus nombres. Independientes del gobernador de la colonia, según los privilegios que Pizarro había conseguido de la corte de Madrid, obraban con toda libertad, y sus operaciones eran enérgicas y veloces. Los tesoros que los aventureros de México traían a sus hogares, las nuevas noticias de las riquezas de la costa del Perú, y la eficacia y promesa de Almagro y Luque apoyadas con el célebre nombre de Pizarro, todo, todo influía para que otros aventureros volasen a Panamá ansiosos de marchar a la rapiña.

En cortos días pudieron reunir trescientos hombres que embarcaran con precipitación para marchar a Tumbez. En dos ligeros buques se dieron a la vela de San Mateo, donde Pizarro había dejado un corto testamento. Ya práctico Almagro en aquellos mares, aunque arrostrando mil peligros, hicieron la navegación en 17 días, en que los jefes pusieron todos los medios en movimiento para avivar en sus soldados el incentivo que les devoraba; y el capitán los familiarizaba con la muerte, y el vicario hablando en nombre de Dios les prometía la gloria eterna, si perecían derribando las deidades de los inocentes adoradores del Sol.

Desembarcaron al fin en San Mateo; abrazaron tiernamente a sus compañeros, y siguieron su camino a Tumbez. Allí Pizarro los esperaba con impaciencia, porque aunque político se había desacreditado en la travesía de Coaque, atacando a los indios indefensos y cometiendo mil violencias; pero el terror que los venidos del Oriente habían inspirado a los inocentes habitantes del Nuevo Mundo, como hijos del Sol, tenía a todos los ánimos en expectación, y no se había llegado al rompimiento. Atahulpa, el monarca del Perú, estaba con un florido y brillante ejército en Cajamalca, ciudad a doce jornadas de Tumbez; pero el terror religioso y las protestas de Pizarro hacían que los mirase como entes superiores, mandados por su Dios, para castigar los crímenes de la guerra civil que había ardido en el imperio, y lejos de disponerse a atacarlos, encargaba a sus súbditos que los tratasen como enviados del Sol. Sin embargo, un momento solo pudiera arrancar de los peruanos esa triste preocupación, y los invasores pudieran verse destrozados. Sus circunstancias siempre eran críticas, y Pizarro y sus compañeros ya cedían al poderoso impulso de su avaricia y de su carácter violento, y los tesoros y los ídolos de los peruanos pudieran solo aplacar sus ansias.

En este momento llegaron a Tumbez Almagro y Luque, y olvidando sus pasados trabajos y peligros, se abandonaron a la más viva efusión de alegría, viendo cercano el momento de consumar sus deseos. Pizarro conservaba 200 soldados que con los 309 que llegaron de refuerzo, compusieron el ejército invasor que había de dominar un vasto imperio. Entre ese corto número de combatientes contaban 66 caballos y tres piezas de artillería de menor calibre, todos con armas de fuego, y todos intrépidos, todos impávidos, todos fanáticos y ambiciosos.

Pareciera que con tal débil división se emprendería en vano saquear y destruir un país adelantado en civilización, de inmenso suelo y populoso, si no recurriésemos a las fuerzas morales respectivas de los ejércitos, como ya hemos indicado. Atahulpa, tenía en Cajamalca 60.000 combatientes, bravos y aguerridos, pero sin disciplina y sin conocimientos en el arte de la guerra, y sin otras armas que simples arcos y flechas de poca consistencia, que en vano disparaban contra las armaduras y cotas de los castellanos que los hacían invulnerables; al tiempo que el sencillo lino de que se vestían los peruanos, entorpecía las tajantes puntas de los aceros europeos. Aunque los peruanos defendiendo sus hogares y su libertad, sintieran todo el valor de las inspiraciones del patriotismo, la codicia y fanatismo que ardía en los pechos europeos, los arrastraba también impávidos a la muerte. La gloria de vencedores en México inspiraba a los unos la seguridad de la victoria, al tiempo que los otros dominados de un terror religioso, creían un crimen de lesa-deidad volver sus dardos contra sus huéspedes; y al oír el mortífero estampido del cañón, cual si un rayo desatado de los cielos cayera sobre su frente, se postraban temblorosos al ronco trueno que les anunciaba la ira del Dios de la luz.

Si inmensa era la diferencia de la fuerza numérica de los ejércitos, inmensa era también la diferencia de su fuerza moral y dudosa la victoria. Unos y otros contaban con jefes guerreros y arrojados, y unos y otros héroes aspiraban a la victoria y a la inmortalidad. Atahulpa tranquilo y valeroso sabía arrostrar los peligros; Pizarro impávido y temerario se lanzaba a la muerte. Almagro en medio de su vigor sentía toda la magia de la inmortalidad: Huascar en el ruego de la juventud, educado en el campo de las lides, tenía todo el noble orgullo de un guerrero. Luque con el crucifijo en la siniestra y en la diestra la tea, arrastraba tras sí con su elocuencia a la multitud fanática, y los sacerdotes peruanos quemando la mirra en las aras de sus templos, sabían conmover el valor religioso de sus prosélitos. Tales eran los jefes y los elementos de poder de las partes beligerantes.

Cuando ya meditaban los asociados el plan de campaña, llegó a Tumbez una pomposa comisión de Atahulpa a felicitar a los venidos del Oriente, y a suplicarles que abandonasen aquellas comarcas y volviesen a sus playas. El emperador no podía disimular el terror que inspiraban pisando sus dominios. Iba por jefe de la comisión el príncipe Huascar, joven de la familia de los Incas, y en nombre de Atahulpa reconoció a los españoles por sus parientes, como hijos del Sol, y les llevó de parto del monarca frutas, granos, vasos de oro y plata y mil preciosidades de esmeraldas. Obsequiando así a los españoles querían aplacar al Sol que suponían irritado contra el Perú; todos los pueblos a porfía los colmaban de presentes, les prestaban sus servicios y llevaban su respeto hasta la adoración.

En vano Huascar, en nombre de su emperador, pidió a Pizarro explicaciones satisfactorias acerca de su permanencia en Tumbez y de su conducta hostil; sólo pudo conseguir por respuesta que tenía que hacer comunicaciones verbales al emperador, de parte de su señor, el gran Rey del Oriente; y conociendo todo el poder de su ventajosa posición, Pizarro hablaba a Huascar en un tono dulce, pero profético y elevado. Aun antes que partiese mandó reunir su división e invitó al guerrero peruano a que viese la marcialidad de los vasallos del Rey de Oriente. En efecto, empezando a evolucionar los españoles, el valiente Huascar miraba con asombro la brillantez de las armas, la velocidad de los caballos, y la unidad y conformidad de los movimientos de los masas: pero a las descargas de la mosquetería y al estampido del cañón, el terror se apoderó de sus miradas, y con rudos rendimientos se despidió de Pizarro, y marchó a su corte sepultado en melancólicos presentimientos.

Pizarro no se limitó a decirle que tenía que hacer al emperador comunicaciones verbales, le había añadido que esperaba con emergencia su permiso para pasar a Cajamalca a hablarle, y que de lo contrario obraría según las instrucciones que tenía de su señor, el Rey del Oriente. Al mismo tiempo con hacer evolucionar a sus soldados a vista de Huascar, quiso asombrarle con su artillería, para que se le tuviese por el señor de los rayos, y consiguió su objeto. Llegado Huascar a la corte, expuso a Atahulpa la decidida resolución de Pizarro de pasar a Cajamalca a hablarle; lo pintó con terror el aspecto y las armas de los españoles, y le hacía formar idea del estampido del cañón, por el ronco mugido del trueno que se dilata entre las cóncavas peñas de los Andes. Huascar, el más valiente guerrero del Perú, no era sospechoso de cobardía, y estremeció a Atahulpa.

El emperador reunió los más prudentes ancianos para deliberar si romper la guerra, o continuar sobrellevando a los venidos del Oriente; pero el terror, que era común en todo el Perú y los ofrecimientos amistosos de Pizarro, les hicieron adoptar el partido de mandar nuevo mensaje a Tumbez, para que los venidos del Oriente llegasen a las murallas de Cajamalca. En efecto, una nueva comisión fue a llevar la decisión a Pizarro, y el imperio esperaba con la mayor ansiedad el desenlace de tan complicado drama. Desde luego conocieron los asociados lo respetable que las preocupaciones habían hecho su nombre, y no dudaron un momento en emprender su marcha.

Apenas rompió la aurora las tinieblas de la noche, en una mañana de Octubre 1532, cuando reunidos los españoles, celebró Luque con toda la pompa religiosa el sacrificio de la misa, y emprendió su marcha la división española. Fácil tal vez hubiera sido al ejército peruano ocupando las posiciones ventajosas que le ofrecía el camino, sorprender y destrozar a los castellanos, pero la política de Pizarro ganando la amistad del Inca, o llenándole de terror, les aseguró tan difícil travesía. Las solitarias llanuras entre Tumbez y Motupe se extienden a ochenta millas, sin hallar agua, ni árbol, ni planta, ni verdor alguno en esta terrible extensión de tostada arena, pero los infelices peruanos sirviendo de acémilas a la división, les suministraron todo lo necesario en el espantoso desierto. Desde Motupe se dirigieron por las montañas que rodean la parte baja del Perú, y pasaron por un desfiladero tan estrecho y tan inaccesible, que un corto número de soldados hubieran podido defenderle de un numeroso ejército: más por la imprudente credulidad del Inca no hallaron los expedicionarios ni el menor obstáculo, y tomaron posesión tranquilamente de un fuerte que defendía este importante paso.

Llegaron al fin a vista de Cajamalca, donde en una extensa llanura les habían preparado rústicas tiendas de campaña, abundantemente provistas de víveres en que pudiesen con comodidad entregarse al sueño y al descanso. A su llegada Atahulpa les hizo renovar sus juramentos de amistad; y les mandó nuevos presentes aun más ricos y exquisitos que los primeros, y Pizarro que ya conocía la índole y generosidad de los inocentes habitantes del Nuevo Mundo, se abandonó tranquilo al sueño y al decanso, a esperar el nuevo día para comenzar su plan de destrucción y su conquista. Los peruanos cumplirían sus juramentos porque los creían hacer a Dioses; los venidos del Oriente no se creían obligados a esa religiosidad, porque juraban a idólatras que en el siglo XVI eran monstruos detestables y maldecidos.

7
HOMENAJE

*E*l imperio fluctuaba entre la confianza, el temor y la duda; todos los peruanos deseaban ver y admirar a los nuevos hijos del Sol, venidos del Oriente, pero un terror inexplicable los contenía dentro de los muros de Cajamalca, y no osaban llegar hasta el campo de sus huéspedes. Ya la noche había tendido su negro manto, cuando los invasores ocuparon las tiendas, y los habitantes de aquella populosa ciudad no pudieron saciar el ansia de ver ni de distinguir a los hombres que suponían de la jerarquía de los Dioses. Pero el nuevo sol empezó a esclarecer el horizonte, y las almenas y las alturas de la ciudad aparecieron cubiertas de un inmenso pueblo que fijaba asombrado sus miradas en el campo de los venidos del Oriente.

Fácil hubiera sido a Pizarro conseguir del Inca entrar en la ciudad y apoderarse de su palacio, pero le pareció mas político no exigir tal sacrificio, porque debía preferir batirse en campo descubierto, por la ventaja que le daba su caballería y artillería, que meterse en un pueblo que desconocía, donde no pudiera obrar con tanto desembarazo. Para llevar adelante sus ocultos proyectos, en aquella misma mañana despachó a Almagro, con una lucida comitiva, a que fuesen a felicitar al Inca, asegurarle de nuevo sus disposiciones pacíficas, y a suplicarle una entrevista a fin de explicarle con más extensión el objeto que traía a los hijos del Sol a su país. Su comisión fue recibida con todas las atenciones de la hospitalidad que los peruanos pudiesen emplear con mejores amigos. Atahulpa abrazó a Almagro, lo recibió con las más tiernas expresiones, y le hizo servir la mesa por príncipes de su sangre; pero no disimuló el deseo que tenía de que los españoles saliesen de su país; y para arreglarlo todo le prometió que visitaría a Pizarro en la mañana siguiente.

La decente mesa del monarca, el orden que reinaba en toda su corte, el respeto con que le hablaban y oían sus ordeñes, admiró a los españoles, que aun no habían visto en América mas que débiles caciques de errantes tribus. Pero fijaron mucho más su atención en las inmensas riquezas que con tanta profusión adornaban el palacio; los riquísimos ornamentos del Inca y de toda su corte, los vasos y vajillas de oro y plata, la multitud de utensilios de toda especie de preciosos metales, todo fue para los mensajeros un espectáculo que superaba con mucho cuantas ideas de opulencia pudiera formarse un europeo del siglo XVI.

En tanto Almagro, aunque criado en los campos de las lides, educado entre la sangre y el destrozo, no pudo ver insensible a los penetrantes encantos de la hermosa Coya, princesa de la sangre de los Incas, y tan seductora como guerrera. Vestida con una corta y airosa túnica de cándido lino, con la ajaba terciada, y en la siniestra el arco, estaba a la cabeza de los guerreros peruanos que habían salido a recibir a los enviados del campo español. Blanca como la cima de los nevados Andes, fresca como el clavel em las mañanas de mayo, esbelta y gentil como la fugitiva corza, en los 18 abriles de su edad, ondulaba su rubia cabellera a merced de los céfiros ligeros, penetraban sus miradas las férreas armaduras, y nadie se resistía a sus encantos, y todos se postraban siervos de su amor. Almagro aun joven, agraciado también por la naturaleza, sintió todo el poder de la hermosura de Coya, y allá en su pecho ardió el amor con un fuego inextinguible.

Salió al fin el mensaje de Cajamalca, y volvió al campo de Pizarro. Enardecida aun la imaginación de los mensajeros con el espectáculo de que habían sido testigos, hicieron a sus compañeros una descripción tan seductora de lo que habían visto, que Pizarro se afirmó en la resolución que ya había meditado. Sabía por lo que observó en las costumbres del Nuevo Mundo, cuan útil le sería apoderarse de la persona del Inca, y formó un plan que necesitaba tanta audacia como serenidad. Con olvido del grave carácter de que se revistió, anunciándose como embajador de un grande monarca que solicitaba la alianza del Inca; con olvido de las repetidas protestas de amistad que le había prodigado, y de los ofrecimientos que le había hecho, resolvió prevalerse de la crédula simplicidad, con que Atahulpa se fiaba en sus protestas, y apoderarse de la persona de ese príncipe en la entrevista a que le había invitado.

En la mañana del 16 de noviembre (1522), cuando debía visitarle el Inca, preparó la ejecución de su plan con tanta frialdad y con tan poco escrúpulo, como si otro día no pudiera ser su desdoro, y la mancilla de las armas de su patria. Dividió su caballería en dos alas mandadas por Soler y Benalcázar, intrépidos oficiales que cubrían los flancos de su infantería desplegada en batalla; reservó en el centro veinte de sus más arrojados compañeros que le ayudaran en la peligrosa empresa que se reservaba, colocó su artillería frente del camino por el que debía venir el Inca, y dio orden a la división de no atacar hasta que su vez diese la señal del rompimiento. ¡Imploremos el fanatismo y barbarie del siglo XVI para cubrir tanto crimen!...

Muy de mañana empezaron a salir regimientos peruanos de la ciudad, y a tenderse por la campiña, y todo el pueblo estaba en la mayor agitación, porque Atahulpa quería visitar a Pizarro con toda magnificencia. Aunque los preparativos comenzaron muy temprano, tanta era la solemnidad y la pompa, que ya terminaba la mañana y no llegaba el Inca al campo de su huésped. Impacientes los invasores temían ya alguna desconfianza de parte del emperador que frustrara sus planes, cuando apareció el inocente Inca rodeado de 500 nobles, lo más pomposamente aderezados, que marchaban al son de sencillas músicas militares, con toda la majestad del inocente orgullo. Atahulpa, sentado en un trono de oro adornado de vistosas plumas de diversos colores y cargado de piedras preciosas, iba en el centro de la corte llevado en hombros de los más nobles palaciegos y detrás le seguían lo mismo sus primeros oficiales. Cuadrillas de danzadores y bandas de músicos, precedían y animaban tan solemne acto, y la campiña cubierta de más de treinta mil soldados, prestaba la imagen del poderoso imperio.

Estaba el día tranquilo y sereno, y el sol radiante tocaba la mitad de su carrera. Un apacible céfiro batía mansamente las pintadas plumas, y los cándidos y ondulantes vestidos de la pomposa corte, y a los rayos del claro sol del Perú brillaban las andas de oro y las armas matadores de los invasores. Al acercarse Atahulpa al campo de Pizarro, resonaron con estruendo los roncos atambores y los bélicos clarines, y se desplegó al viento el español estandarte, ornado de la espléndida y roja cruz. Si sorprendidos miraban los peruanos el aspecto imponente de los venidos del Oriente, su faz cubierta de larga barba, y la brillantez y construcción de sus feroces armas, no menos con asombro miraban Pizarro y sus compañeros la pompa y el esplendor de la corte peruana, y la aparente disciplina de sus innumerables soldados. Empero, el trono de oro y las inmensas riquezas que les ofrecía la victoria, exaltaban demasiado su imaginación para que calcularan los peligros del rompimiento. Atahulpa llegaba en tanto al campo de sus enemigos, y decía continuamente a sus primeros oficiales: «son enviados del cielo, guardaos bien de ofenderlos.»

Apenas hubo llegado al campamento, Luque corrió hacia el Inca con un crucifijo en la siniestra, y en la diestra su breviario; y en un largo discurso, y según las negras creencias del siglo XVI expuso al monarca la doctrina de la creación, la caída del primer hombre, la encarnación de Jesucristo, la elección que Dios hizo de San Pedro para que fuera su gran vicario en la tierra, el poder de San Pedro trasmitido a los papas, y la donación que el pontífice Alejandro había hecho al rey de Castilla de todas las regiones del Nuevo Mundo. Después de haber expuesto toda esta doctrina, imitó a Atahulpa a que abrazase la religión cristiana, a que reconociese la autoridad suprema del papa, y a que se declarase tributario del rey de Castilla, como su legítimo soberano; y que si así lo hacía continuaría reinando, y el Rey su señor tomaría el Perú bajo su protección; pero que si rehusaba obedecer, si persistía en su impiedad, le declaraba la guerra, y le amenazaba con la más terrible venganza.

Poco entendió Atahulpa de ese extraño discurso, que conteniendo misterios incomprensibles y desconocidos hechos, toda la elocuencia humana no bastara a hacer formar en tan corto tiempo ideas distintas a un peruano. Empero, a las cosas más sencillas que había comprendido respondió con suma moderación; «que con el mayor placer sería amigo del rey de España, pero nunca su tributario; que era preciso que el pontífice fuera demasiado arrogante para dar tan liberalmente lo que no le pertenecía; que jamás abandonaría su religión, y que si los cristianos adoraban a su Dios muerto en la cruz él adoraba al sublime Sol que jamás moría; y preguntó al fin al vicario, dónde había aprendido lo que le había dicho de Dios y de la creación.» En este libro, respondió Luque ya enardecido, presentándole su breviario. Atahulpa tomó el libro con admiración, le miró por todas partes, le llegó a su oído, y contestó al orador, «esto me dais aquí no habla, nada dice, y lo tiró con desprecio.» Luque, furioso entonces, se volvió a sus compañeros, gritando: venganza cristianos, la palabra de Dios ha sido profanada, vengad el crimen, devorad a esos infieles.

Pizarro que apenas podía contener la impaciencia de sus soldados por lanzarse sobre las riquezas que herían sus ojos, dio la señal de ataque, y los atambores y clarines tocaron a degüello. La artillería y mosquetería hizo una descarga cerrada, cargó la caballería con sable en mano, y Pizarro con los 20 elegidos se arrojó decididamente sobre el Inca. Llenos de terror los peruanos se dieron a una fuga pavorosa; tan inexplicables les eran los caballos que los atropellaban, como el estruendo de la mosquetería y artillería que los despedazaba y abrasaba como el invisible rayo, y los invasores derramaron la sangre y el destrozo por toda la dilatada campiña. En vano sus nobles rodearon al Inca formándole una muralla con sus indefensos pechos: todos cayeron al furor del acero de Pizarro, quien arrastró al monarca por los cabellos y lo hizo prisionero, y la caballería continuó la matanza hasta acabar el día. Una multitud de príncipes de la raza de los Incas, los ministros, la flor de la nobleza, todo lo que componía la corte de Atahulpa, y cuatro mil soldados y mujeres, niños y ancianos, que habían salido a ver la brillante ceremonia, cayeron en los campos de Cajamalca al furor de los aceros; todo era muerte, desolación y espanto.

La noche tendía su lúgubre manto, y el campo enrojecido de sangre cubierto de cadáveres presentaba la escena más espantosa para la virginal América. Aun algunos invasores penetraron en la ciudad, pero solos y desunidos tuvieron que volver a sus tiendas, donde amarrado entre cadenas gemía el más infeliz de los vivientes, aquel monarca que un momento antes, rodeado de una pomposa corte, llevado en hombros de los primeros nobles del estado, parecía la imagen de los Dioses. Un silencio espantoso, interrumpido sólo por los lamentos de los heridos, reinaba en el canipo del destrozo, hasta que reunidos los invasores en sus tiendas, la crápula de la victoria empezó a atronar los ámbitos, confundiéndose con los hondos gemidos de los que expiraban.

8
CEREMONIA RELIGIOSA

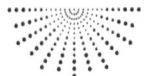

Los pocos nobles y cortesanos que se salvaron de la matanza y todo el ejército peruano, se encerraron en los débiles muros de Cajamalca, cuando ya la noche había tendido su negro manto. Llorando el padre al hijo, el esposo a la esposa, la virgen a su adorado, el pueblo a su monarca, lúgubres y hondos gemidos resonaban en medio del terror religioso que ocupaba al Nuevo Mundo. Los suspiros de la ciudad se confundían con los lamentos de los heridos, que expiraban en el campo del destrozo, cuando la melancólica luna siguiendo su carrera, llenaba de espanto a los inocentes adoradores del Sol. Ni los gritos de la venganza, ni las imprecaciones de la desesperación, consolaban a los afligidos en su abundoso llanto; creían obra del cielo aquel exterminio, creían a los europeos hijos del Dios de la luz, y al arrancar allá del alma sus gemidos, sólo fijaban los ojos en la tierra, y no osaban volverlos hacia el opaco firmamento.

El pueblo, los nobles, los Incas, los sacerdotes y los innumerables guerreros confundidos por las plazas y calles, estaban como petrificados en un profundo estupor, y nadie interrumpía aquel terror religioso. Ya la callada luna reclinaba en la tierra su macilenta frente y el primer albor del lucero matutino comenzaba a esclarecer el horizonte, cuando Vericochas, el sacerdote mas anciano del imperio, sin reprimir su llanto, alzó su quebrada voz y se dirigió a su pueblo: «Peruanos, el sublime Dios del día, exclamaba bañado en lloro, rompe las tinieblas de la noche y borda con su púrpura las montañas. Tal vez airado, enrojecida su faz de viva lumbre, arrastrará tras sí al ronco trueno y el fulminante rayo, y arderán los cielos. Postrémonos humildes ante su poder, bendigamos su omnipotencia e imploremos su misericordia. Corramos al sacrosanto templo, ofrezcámosle inocentes sacrificios, y aplaquemos sus iras.» Dijo y con tranquilos pasos se dirigió hacia el templo; le rodearon los sacerdotes y lo siguieron el pueblo y los guerreros.

El templo de Tajamalca, dilatado y anchuroso, contenía un inmenso pueblo. Adornado de vistosas plumas, tachonado de oro y plata, y el pavimento de preciosos mármoles, ostentaba toda la riqueza del Perú y toda la veneración religiosa de los peruanos. Una ara sencilla, pero de delicado gusto, cubría el fondo de aquel majestuoso recinto; un símbolo del Sol, colocado en medio de la ara, era la deidad a que se postraban el monarca, el pueblo y los sacerdotes, y a sus lados vestidos sencillamente, estaban los bustos de los Incas y de los ciudadanos que por sus excelsas virtudes habían llegado a la imitación de la deidad benéfica.

Apenas pisaba el templo la multitud, cuando armoniosos instrumentos anunciaron la pompa de la ceremonia religiosa, y numerosos coros saludaron al nuevo día.

Himno al sol
Coro 1º.
¡Oh padre del día! ¡Oh Dios de la lumbre!
Levanta en Oriente la fúlgida faz;
alumbra la tierra que gime en tinieblas,
derrama tu brillo sublime deidad.

Coro 2º.
Al raudo torrente del fuego divino
se ahuyentan las sombras, y nace el amor;
y el mundo se anima, y crecen las flores,
y viste la selva su hermoso verdor.

Coro 1°.
¡Oh sol que sublime tocando los cielos,
al mundo dominas, y al débil mortal;
tú sabes que puros, sin crimen, tranquilos,
tus hijos adoran tu fuego eternal.

Coro 2°.
El justo bendice tu fúlgida frente,
y mudo en tinieblas el mundo miró;
el triste malvado buscando las sombras,
siguiendo su crimen, tu luz detestó.

Coro 1°.
Antorcha que eterna ardiendo en los cielos,
al mundo prodigas ventura y quietud;
serena luciendo consuela tu pueblo,
no en tristes celajes ocultes tu luz.

Coro 2°.
Si opaco tus iras anuncias al suelo
el piélago muge con hondo furor;
si plácido brillas derramas la calma,
y el mar y la selva respiran amor.

El himno del Sol resonaba por las dilatadas bóvedas, y en tanto el astro luminoso brillaba ya plácido y sereno sobre el horizonte. Vericochas seguido de cuatro sacerdotes se adelantó hacia las aras de la deidad benéfica, y en vajillas de oro, y con pomposas y sencillas ceremonias ofreció a su Dios hermosos frutos en inocentes sacrificios y el pueblo doblaba su rodilla, y reinaba el más profundo silencio religioso. El sacerdote levantó después los ojos melancólicos, y el Sol brillaba en las bóvedas con plácido reflejo. «¡Oh eterno Dios, exclamó, en un tono inspirado, tu radiante lumbre colma de esperanzas a tus inocentes hijos; no cubierto de nebulosos vapores les niegues tu divina influencia, ni les anuncies tu ira.»

La religión de los peruanos, si el Sol se presentaba nublado en sus primeros albores, el Dios estaba irritado, y anunciaba su ira; si por tres días aparecía opaco, aunque después brillase puro y hermoso, anunciaba su venganza y se estremecía el imperio. Al contrario, si se presentaba sereno y brillante, todo era placer y regocijo, porque la deidad se mostraba satisfecha. Cuando los peruanos vieron brillar el Sol, sonrió su esperanza, porque no temían las iras de su Dios irritado. Empero, el horroroso destrozo de su corte, la prisión de su monarca, cuya suerte ignoraban, la idea de que los invasores fuesen seres sobrenaturales, impresión que les había causado la caballería, y la artillería, todo los abismaba en un caos insoldable y en las más melancólicas meditaciones.

Vericochas, postrado ante las aras, absorto, arrobado, permanecía por mucho tiempo en un profundo éxtasis, cuando al fin exclamó con un hondo eco que pareció arrancado del centro de su alma. «No peruanos, el crimen y la deidad son inconcebibles. Esos venidos del Oriente, no son de sangre de los Incas, ni pueden ser hijos del astro sempiterno.»

El pueblo escuchaba absorto, y el sacerdote continuó con una elocuencia inspirada. «No peruanos, el crimen y la deidad son inconcebibles. Esos desconocidos han jurado mil veces por su Dios que venían a labrar la felicidad del imperio; con mil sacros juramentos prometieron las debidas garantías a un inocente monarca, y a un sencillo pueblo, que fiados en promesas de deidades, corrieron cándidos a sus brazos, cuando ocultando pérfidos las armas destructoras, despedazaron vuestros guerreros y vuestra corte, y arrastraron a vuestro monarca por los cabellos! El Sol luce radiante, no envuelto entre vapores anuncia su ira.» Y un agitado murmullo conmovía al pueblo.

«Es verdad, aun miro los veloces monstruos atropellando nuestros guerreros; aun resuenan en mis oídos el trueno pavoroso que destrozaba nuestras líneas, pero todo puede ser obra de un espíritu maléfico, todo podrá sucumbir al querer de ese Dios que nos ilumina. Peruanos, venid, jurad ante las aras, que si el cielo nos revelase que son sus hijos, y que debemos ceder a nuestros destinos, antes regaremos con nuestra sangre las fértiles campiñas, que dejarnos arrancar nuestras leyes, nuestra libertad y nuestro culto.» Pero el pueblo helado de terror solo gemía a la voz de su adorado sacerdote.

«Y lo dudáis aun, continuaba Vericochas, yo lo oí de sus labios, venimos a inspiraros los misterios del cristianismo, a arrancaros del imperio culto del Sol, a haceros adorar a Cristo sobre la cruz, y a que reconozcáis por monarca y señor al grande Rey del Oriente.» Los nobles que rodeaban al monarca, los que pudieron oír el discurso que le dirigió Luque, habían caído en el campo al furor de sus aceros. Vericochas y Huascar eran los solos que, estando inmediatos por su nobleza, se habían salvado de la muerte, y los que oyeron con admiración la propuesta de sucumbir al monarca del Oriente, y de abandonar el sublime culto del Sol. Vericochas arrancó lágrimas del pueblo, y Huascar exclamó enajenado: «Peruanos, yo también lo escuché.» Un ronco susurro comenzó a reinar por el dilatado templo, las masas conmovidas demostraban ya su entusiasmo; y Vericochas valiéndose de todo el poder de la elocuencia hizo conocer al pueblo la necesidad de averiguar la suerte del desdichado monarca, de nombrar a Huascar general en jefe de ejército, y de atacar a los invasores, si era preciso, o cuando menos defender las murallas de Cajamalca, para salvar sus leyes, su libertad y sus templos.

El pueblo al fin en tumulto, sacudiendo algún tanto el terror que le helaba, corrió hacia las aras, y postrado ante el símbolo del Sol, todos los peruanos juraron en manos de Vericochas, no sobrevivir al intento de los invasores. Huascar, el más noble de la sangre de los Incas, el que con más derecho pudiera aspirar a ser elegido por monarca, el más valiente guerrero, fue nombrado caudillo del Perú; y por no profanar el templo con los gritos de venganza, el pueblo corrió al suntuoso pórtico; y allí Vericochas y Huascar encendían las iras, los hacían conocer que el crimen y la deidad eran inconcebibles, que los venidos del Oriente no podían ser hijos del Sol, que eran mortales y sucumbían al valor.

Reunido un consejo de ancianos deliberó detenidamente acerca de la conducta que se había de guardar con los venidos del Oriente, y del modo de hacer la guerra y prepararse con vigor a la venganza. Acordaron que pasara un mensaje al campo de Pizarro para saber de positivo la suerte del monarca, y para procurar su rescate a todo precio, si aun no había muerto; pero recordando la falta de fe de los invasores, se creyó justamente que diesen muerte a la comisión, y de ninguna manera consiguiera su objetivo. Empero, tal era el amor de los peruanos a sus Incas, tal el interés de la embajada, tal el patriotismo de aquellos inocentes habitantes, que todos se ofrecían a ir al campo de Pizarro, por segura que viesen su muerte. La prudencia del consejo no debiera permitir que compusieran la comisión los primeros personajes del imperio, mas sin embargo no pudieron resistirse a las ardientes súplicas de Ocollo y Coya.

Ocollo, la más hermosa de las concubinas de Atahulpa, la más virtuosa, la que más merecía el amor del monarca, se presentó al consejo envuelta en luto y anegada en llanto, y propuso su resolución de pasar al campo de Pizarro a saber la suerte del Inca que adoraba, y a echarse a los pies de sus opresores, si gemía entre cadenas, para conmover su compasión con su ardiente llanto. Coya, ilustre princesa de la sangre de los Incas, aquella hermosa Coya que tanto amor inspiró al gallardo y gentil Almagro, no había sido tampoco insensible a las lánguidas y penetrantes miradas del guerrero español, le amaba allá en su pecho, había conocido que era amada, y anhelaba el momento de volver a mirar a su adorado.

Las dos inocentes víctimas del amor persuadieron al consejo, y se dispuso que pasaran al campo de los venidos del Oriente. Los ancianos sabían muy bien el ardiente amor de Ocollo por Atahulpa, se persuadieron que no tan fácilmente los europeos ensangrentaran sus aceros en la hermosura, y creyeron ventajoso que lo encargara del mensaje. No así opinaron de Coya, familiarizada con los peligros, valiente en las lides, diestras sus delicadas manos en dirigir las flechas, gozaba del amor del ejército, y arrostraba con ardor a la muerte a los guerreros. Ilustre por su nacimiento, adorada por sus encantos, su muerte cubriera de luto al imperio, cuando no era necesario que acompañara a Ocollo. Pero tan reiteradas y tiernas fueron sus súplicas al consejo, que ignoraba la causa que las producía, que al fin cedió, y dispuso la salida de las dos hermosas.

El sol ya tocaba en la mitad de su carrera plácido y radiante, animaba con su divina influencia a los peruanos, que vueltos algún tanto de su terror, esperaban mejor ventura según les anunciaba la deidad benéfica con su brillo. Ya los guerreros ocupando la muralla se preparaban de nuevo a caer al silbido de los rayos de los invasores, pero no era tan grande su terror porque empezaron a dudar de que fueran Dioses. El campo cubierto de cadáveres, contemplando allí destrozada toda su corte y su nobleza, presentaba la antítesis más horrorosa con el campo de Pizarro, en que reinaba la crápula y la risa. Preparado el mensaje, sumidos en melancólicos recuerdos, agitados de un turbulento mal de inquietudes, los inocentes habitantes de Cajamalca, dirigían a su Dios las mas lánguidas miradas, y las dos hermosas se preparaban a marchar al campo de los vencedores.

9
TREGUAS

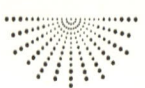

Cansados de matar los invasores en los campos de Cajamalca, se replegaron de nuevo a sus tiendas, cuando los aterrorizados peruanos se habían y encerrado en los muros de la ciudad, y la noche tendía su lóbrego manto por las ensangrentadas arenas. Un inmenso botín fue el fruto de aquella célebre jornada, botín inmenso que excedió con mucho las grandes ideas y esperanzas que los aventureros habían concebido de aquellas ricas playas. El magnífico trono de oro de Atahulpa, la inmensidad de piedras preciosas que cubrían al monarca, a su corte y a sus nobles, todo cayó en poder de los vencedores, que en tan feliz momento se apoderaron, puede decirse, de las riquezas del imperio. Aunque con dulces ademanes y ceremonias el prisionero emperador fue despojado de todas las riquezas con que se engalanaba, diciéndole que aquello pertenecía al grande Rey del Oriente, porque el pontífice Alejandro se lo había concedido, y como es natural en todas las victorias, los vencedores se esparramaron por el campo del destrozo, y alumbrados por la trémula luna, despojaron y desnudaron a los cadáveres y heridos. Eran herejes los desgraciados idólatras del Sol, y el siglo XVI solo les concedía horror, desprecio, sangre y muerte.

Seguros los invasores del terror que habían inspirado a sus contrarios, se abandonaron en medio de su opulento botín a la crápula y a la risa, sin temor de ser atacados, e inmediatamente se procedió al repartimiento de tantos tesoros, en proporción a las graduaciones militares, separando religiosamente el quinto para el rey de España, y según los mejores textos peruanos, a cada simple soldado le correspondieron valores por quince mil duros. El estruendo y el alborozo resonaban a una con los lamentos de los heridos y los suspiros de Atahulpa; y así la callada noche ya recogía su negro manto, y el lucero matutino esclarecía el horizonte.

El Inca, en los primeros momentos de su cautividad, apenas podía creer, en medio de su asombro, un suceso tan inesperado y sorprendente: pero conoció bien pronto todo el horror de su destino, y su abitimiento era proporcionado a la altura de donde había caído. Pizarro, temiendo perder las ventajas que lo proporcionara la posesión de tan ilustre prisionero, se esforzaba en consolarle con demostraciones de amor y de respeto, y Luque por otra parte le explicaba detenidamente los misterios del cristianismo, y lo exhortaba a adorar a Jesús sobre la cruz. Pero el Inca en medio de su asombro le suplicaba que suspendiese sus exhortaciones, y que más adelante hablarían con detención de la materia, porque aquellos momentos eran de sentimiento y no de raciocinio.

Pizarro en tanto ordenaba a sus soldados que tratasen y sirviesen al emperador con todas las atenciones debidas a tan ilustre prisionero, y fríamente calculaba las ventajas que con él pudiera sacar de un pueblo idólatra de sus soberanos. Pizarro desde que se apoderó de la persona de Atahulpa, se creyó absoluto señor del imperio, pero hubiera de fingir hasta que el tiempo le marcase su conducta. Acababa de triunfar faltando a sus promesas; y a pesar de que conociese el terror religioso que había causado en el imperio su llegada, no podía empero prever cual seria la conducta de los peruanos; y en vano entre mil conjeturas pudiera delinear su plan de campaña.

Tal era el estado del campo invasor, cuando ya entrada la tarde vieron salir de la ciudad una corta y sencilla comitiva. Los débiles muros de Cajamalca, coronados de un pueblo inmenso, mostraban la agitación de sus habitantes, y la importancia de la comisión en que fijaban sus miradas; y Pizarro penetró desde luego que aquel paso le daría grandes luces para su intento. En efecto, Ocollo y Coya salían de la ciudad con una corta comitiva, y dirigían sus pasos al campo de los invasores. Desde alguna distancia mandaron mensaje a Pizarro pidiéndole licencia para hablarle, y desde luego les fue concedida, y llegaron al campamento las peruanas.

No dejó de sorprenderlo que sólo dos bellas mujeres presidiesen una comisión en que creía se fijara la suerte del imperio, pero disimuló su asombro por un solo momento que tardó Ocollo en arrojarse a sus plantas. «Hijo del Sol, exclamó, ¿cuál es la suerte de Atahulpa, aun vive el Inca tu hermano?» Pizarro confuso la levantó del suelo, y la dijo: «Aun vive, hermosa peruana, aun vive y aun hay tiempo para salvarle; calma tu agitación.» Almagró fijó sus ojos en la divina Coya: sentía arder con más violencia el amor que ya le había inspirado, y en un profundo estupor, guardaba el silencio más elocuente. Coya penetraba al alma de Almagro, el rubor de virgen candorosa brillaba en sus mejillas, y la llama del más puro amor ardía en su pecho.

Ocollo volvió a la calma con las consoladoras palabras de Pizarro, y le suplicó encarecidamente la permitiese hablar al monarca. Le dijo extensamente quien era, el amor que tenía al Inca, lo que el Inca la adoraba, y el contento que le causaría su vista; pero nada le habló de su rescate, ni del estado de Cajamalca y del imperio. Pizarro no miraba con indiferencia la hermosura y los encantos de Ocollo; aunque ambicioso y fiero, era al fin hombre y sensible al amor. «Sí Ocollo, la dijo, bien puedes ver al monarca, al felice mortal que gozó de tus encantos»... Y los ojos del guerrero, sin perder su cruda fiereza, centelleaban mil amores. Mandó que la condujesen a la inmediata tienda del Inca, pero encargó a la guardia que no se separase de su lado, ya para que no se prodigasen caricias, que ya Pizarro envidiaba, ya para que no hiciese Atahulpa importantes comunicaciones.

Almagro y Coya gemían oprimidos del amor que ocultaban en lo profundo de su pecho, pero rodeados de cien testigos no les fuera posible lamentar sus penas, ni desfogar la pasión devoradora. Sin embargo, Almagro aprovechó un momento y dijo a Coya que si en aquella noche salía al campo con algunos regimientos, el correría la campiña y la buscaría ansioso, para revelarla importantes secretos. La hermosa penetró todo el pensamiento de Almagro, aceptó la cita, y la calma pareció dominar aquellos dos conturbados pechos.

Ocollo fue conducida a la tienda del desgraciado Inca que gemía entre una numerosa guardia, y al mirarse los dos esposos corrieron a estrecharse arrebatados de un impulso superior a su abatimiento y a su peligro. A pesar del los españoles y peruanos que los rodeaban, sus pechos se estrecharon tiernamente, y sus ardientes labios se sellaron cien besos amorosos. Largos momentos reinó en la tienda y en el campo de los vencedores un profundo silencio, semejante a la calma de las ondas tras negras tempestades; un abundoso llanto bañaba a los inocentes esposos, y el amor, el placer y la agonía, brillaba en los semblantes, y entorpecía los labios. Ocollo rompió al fin el silencio consolando al Inca con más dulces caricias, que el ambiente en las tardes del abrasado estío, y Atahulpa, preguntaba por sus nobles y sus guerreros, y cada vez que le decían que había muerto alguno en el campo de Cajamalca, volvía los ojos al Sol y exclamaba angustiado: «Dios de la luz, y aun quieres que yo viva.» Ocollo endulzaba sus penas, le refería las atentas demostraciones con que Pizarro la había recibido, le repetía el amor de sus súbditos, y el encargo que llevaba del consejo de contratar su rescate a todo precio.

El Inca que se había visto despojar de los tesoros con que estaba adornado, que había visto arrebatar de los cadáveres las piedras preciosas que los cubrían, que había palpado la ambición de los venidos del Oriente, concibió fundadas esperanzas de comprar su libertad a costa de tesoros. Pizarro llegó a la tienda cuando ya Ocollo y el Inca gozaban de alguna calma, y con sus acostumbradas demostraciones de respeto, llenó de esperanzas a las dos afligidas almas. Atahulpa le dijo que tenían que hablarle en secreto, y el español mandó retirar a los que les rodeaban, y les inspiró libertad para que le abriesen sus pechos con confianza,

«El bien del imperio, le dijo el Inca, se cifra en que su monarca torne otra vez al enlutado trono. Yo y mi pueblo proponemos un rescate digno de ti, y del grande señor de Oriente. Si das la libertad al monarca del Perú, te se llena a esta tienda de oro hasta la altura de un hombre.» A pesar de las grandiosas ideas que tuviese Pizarro de la riqueza del Perú no pudo menos de admirarle y sorprenderle tan magnífico ofrecimiento; la tienda veintidós pies de longitud y trece de latitud, la suma era inmensa, y Pizarro no dudó un momento en admitir un rescate que llenaba su ambición, si bien siempre diciendo al Inca que necesitaba la confirmación del rey del Oriente, cuyo ánimo inclinaría también a la aceptación. Corrió a sus compañeros, les dio parte del inmenso ofrecimiento, y ya ansiosos celebraban el instante de repartir los tesoros del Nuevo Mundo, y Ocollo y Atahulpa quedaron abandonados a las más puras efusiones de alegría, viendo que a precio de un pálido metal tornarían de nuevo a las caricias del amor y a la plácida ventura. Volvió Pizarro a la tienda acompañado de Luque, y convinieron la suspensión de hostilidades, y que se reuniese el oro en las tiendas, en cuanto Pizarro recibía la confirmación del tratado de su señor el Rey de Oriente, sin cuya aprobación no pudiera resolver por sí solo. Se prometieron además mutuamente las relaciones más amistosas, pudiendo comunicarse entre sí los dos ejércitos, permitiendo que entrasen en Cajamalca los expedicionarios, hasta el número de diez, y que los peruanos viniesen a las tiendas europeas hasta el número de ciento: que el campo de Pizarro se había de abastecer de víveres, y que en aquella noche se permitiese a los sacerdotes del Sol dar sepultura a los cadáveres que cubrían la campiña.

Transportado Atahulpa de alegría, esperando recobrar su libertad, mandó al momento mensajeros a Cuzco, Guito, Jititaca y otros países abundantes de oro, para que, ya de los templos, ya de los palacios de los Incas recogiesen todos los tesoros y los condujesen a Cajamalca, a fin de reunir el precio de su rescate; y Ocollo respirando placer y alegría, marchó a la ciudad para dar parte al consejo y al pueblo del feliz resultado de su mensaje.

Abrazó de nuevo a Atahulpa, que quedaba algún tanto consolado, y abierta la comunicación ya no les separara la muda ausencia. Almagro, siguiendo con sus penetrantes miradas a la hermosa Coya, se habían repetido la cita y los dos amantes imploraban a la noche que tendiera rápidamente su negro manto. Los habitantes de Cajamalca coronando los muros, presagiaban de feliz agüero la calma que reinaba en el campo de los venidos del Oriente, y cuando vieron volver a Ocollo y Coya, no dudaron que el Sol, que puro y hermoso había iluminado todo el día al imperio, escuchando sus ardientes votos, les concedía tocar el término de sus males. Las dos hermosas se presentaron al fin en el consejo; los ancianos del imperio y un pueblo numeroso esperaban con ansia saber el resultado de la embajada; y cuando supieron que vivía el Inca, cuando las hermosas refirieron los mutuos juramentos que

Pizarro y Atahulpa se habían prestado ante sus Dioses, el júbilo y el alborozo reinaba por los ámbitos de la ciudad; sencillos instrumentos agitaban armoniosos el ambiente de la noche, himnos de libertad entonaban el pueblo y los guerreros, y cánticos divinos elevaban los sacerdotes en acción de gracias al Dios que les derramaba su benéfica lumbre. ¡Oh pueblo inocente digno de mejor fortuna!

10
FUNERALES

*H*abía tendido la noche su lúgubre manto, las fulgentes estrellas mandaban su escasa luz a la tierra, y negras sombras, aunque en apacible calma, cubrían el horizonte. Ocollo había instruido al consejo de los convenios celebrados con Pizarro, y por consiguiente de la libertad en que estaban los sacerdotes de dar sepultura a los cadáveres peruanos. Vericochas no perdió momento en reunir los venerables ministros del Sol para la religiosa ceremonia, y el pueblo ya tranquilo, descansando de nuevo en las promesas de los hijos del Sol, concurría al templo en fúnebre aparato, para unir sus tristes acentos, a los cantos funerales de los sacerdotes; pero la hermosa Coya, aunque adoraba tiernamente a su querida patria, sumergida en un profundo estupor, apenas tomaba parte en el contento general que reinaba en Cajamalca: la noche oscura y silenciosa seguía su curso inalterable, volaban los momentos, y a las doce había de hablar a su gallardo Almagro. El amor más cándido de inocente virgen ardía en su almo pecho, y la inquietud más deliciosa combatía su sensible corazón.

Reunidos en el templo los sacerdotes, colocado en unas riquísimas andas el símbolo de la luna, dio Huascar las órdenes convenientes tendieran en la campiña diez batallones que realzasen la pompa del enterramiento de los guerreros, y Coya dirigía los movimientos militares. Al instante se aprestaron las fuerzas; al son de lúgubres músicas salieron de la ciudad y se tendieron sin sobresalto en la campiña que había sido la escena de tantos horrores. El joven y bizarro Almagro vagaba por el campo español agitado en un mar de inquietudes. Aunque educado entre la sangre y los horrores del Nuevo Mundo, su corazón era noble, sensible y generoso, y Coya le había inspirado el amor más puro e inextinguible. Esperaba con ansia la hora de las doce para hablar a su adorada, pero temía ver despreciado su amor y temía verle correspondido en su situación política. El campo de Pizarro dormía en tanto tranquilo, y los batallones peruanos salían de la ciudad y se tendían por la campiña. No pudieron los invasores concebir por el momento el objeto de aquel movimiento militar, y al pronto sonido del atambor se pusieron sobre la armas y encendieron grandes hogueras que alumbraran algún tanto las sombras de la noche.

Inmensa multitud salía de Cajamalca acompañando a los sacerdotes, y precediendo al símbolo de la luna con hachas encendidas, que en la oscura noche brillaban cual melancólicos cometas; y un ronco murmullo interrumpía el silencio sacrosanto, y aumentaba el terror del pomposo aparato. Desde luego conocieron los españoles que aquellas magníficas ceremonias serían para dar sepultura a los cadáveres, pero permanecieron en observación para evitar una estratagema, que pudiera comprometerlos, y Almagro mandando veinte caballos salió de descubierta, ya para buscar a la hermosa Coya y arrojarse a sus plantas y revelarle su amor ardiente.

Desde las primeras horas de la noche muchos peruanos habían cavado grandes zanjas para que sirviesen de sepultura a los cadáveres, y la procesión fúnebre se fue extendiendo por aquella especie de reductos para dar tranquila huesa a los insepultos. Sencillas tocatas, pero de un poder, de una sublimidad mágica, acompañaban la voz de numerosos coros que dirigían ardientes preces a su Dios por los manes de sus conciudadanos.

Pueblo.
Apacible mansión de la muerte,
la virtud almo lecho te implora,
en tus sombras el crimen no mora,
en tus senos reina la virtud.

Sacerdotes.
  Dios que alumbras la tierra y los cielos,
Dios que manda al mar y volcanes,
a tu vuelan de un justo los manes
en ti buscan su felicidad.

Pueblo.
  Si ya polvo tornaste a la tierra
tu memoria los pechos inflama,
no voló tu existencia cual llama
que en la noche en el éter brilló.

Sacerdotes.
  Dios eterno del día radiante
si con crimen el débil humano
profanó tu poder soberano,
sé clemente, fue triste mortal.

Pueblo.
  Apacible mansión de la muerte
la virtud almo lecho te implora,
en tus sombras el crimen no mora,
en tus senos reina la virtud.

Sacerdotes.
  Tú que animas al orbe anchuroso
y tus dones prodigas al suelo,
al llamarnos allá al alto cielo
que admiremos tu tierna piedad.

Pueblo.
  Si ya polvo tornaste a la tierra,
tu memoria los pechos inflama;
no voló tu existencia cual llama
que en la noche en el éter brilló.

El cántico funeral resonaba melancólico y sublime; el ambiente de la noche agitaba suavemente las llamas de los blandones; un lánguido y no interrumpido sollozo humedecía las sacras huesas, y todo inspiraba un terror religioso inconcebible. Los españoles miraban inmóviles y admirados la ceremonia religiosa; Luque tal vez volvía los ojos al cielo que creía irritado al mirar el pomposo culto que tributaban los peruanos a Satanás, y concebía allá en su mente la venganza que había de dar al cielo irritado. El Dios de los españoles aunque muerto en la cruz, era el padre del Sol y del universo. Luque era su grande vicario en el Nuevo Mundo, y Luque se creía el responsable ante los cielos de la idolatría de los indios.

Eran las doce de la noche, y Coya había de hablar a su Almagro; dio las órdenes convenientes, y sola y combatida por un turbulento mar de inquietudes, marchó hacia la parte del Oriente, donde habían convenido la cita. Ya el noble español vagaba también por la campiña en busca de su adorada, y pronto se hallaron los dos dulces amantes, a la orilla de un manso arroyo que suavemente murmurando se deslizaba por una fresca ribera. Se reconocieron, y un profundo pasmo se apoderó del español y de la bella peruana. Largo silencio sucedió a la dulce zozobra, hasta que al fin Almagro él rompió el silencio.

Hermosa Coya, la dijo, desde el momento que vi tus penetrantes encantos, sentí todo su mágico poder con violencia irresistible. Aquí en mi pecho... y una lágrima ardiente corría por sus mejillas.

He abandonado mis guerreros, le respondió Coya, para que me revelases los importantes secretos que me habías anunciado: habla pues, la noche vuela, la ceremonia religiosa concluirá en breve, y tengo que ocupar mi pueblo; habla, hijo del Sol.

Ah Coya, (y se arrojó a sus plantas) yo te amo, yo te adoro, tú dominaste mi razón, arrebataste mi calma, y me lanzaste en los más negros tormentos. Aquí en mi pecho arde un fuego de amor eterno, inextinguible; muévate a compasión...

Alza, no quieras que mi llanto corra también con el tuyo. En el instante que los sacerdotes dirigen sus preces a los cielos por los manes de tantos peruanos, tú profanas la santidad de la noche con acentos amorosos!

Perdona, ¡oh Coya! mi amor es tan puro, tan santo como esa pompa fúnebre; no ofende al sol que adoras...

¡Y tú me amabas, y tú con tus compañeros te arrojaste contra nuestros indefensos batallones y lanzando el rayo condonaste a muerte a la corte, y a la nobleza peruana, y cargaste de hierros al monarca del Perú, tú hermano!

¡Oh! no fui yo el culpable, no Coya, el sagrado cumplimiento a las órdenes del gran rey del Oriente...

Yo también soy hija del Sol, y jamás me ordenó faltar a los solemnes juramentos. Tan negra maldad en el Perú es un crimen de muerte.

Hermosa Coya, merezca al menos tu compasión.

¿Y tú y tus compañeros, seréis amigos del Perú, y de los Incas?

Almagro será amigo del Perú, y aun lo serán también sus compañeros.

¿Y si yo te amo nos dividirá después la muda ausencia?

¡Ah! no, Coya, si tú me amas, yo seré el más feliz de los humanos; sólo la muerte podría arrancarme de entre tus tiernos brazos. Contigo vería nacer el lucero matutino; contigo viera el Sol precipitarse por el ancho cielo, contigo lo viera reclinar su frente en el ocaso, y entre dulces caricias, nos mirará también la melancólica luna.

Sí, Almagro, yo tambien te adoro, aquí en tu pecho sofocaba en el silencio el puro amor que me inspiraron tus encendidas miradas.

¡Y me amas, Coya!...

Y te amo, y mi Dios me anuncia tu amor como un negro meteoro.

No, hermosa, calma tu agitación, este feliz momento será la aurora de venturosos días. Coya será todas mis delicias, sólo viviré para Coya, Coya será el objeto de mi culto.

¡Oh! Si dado nos fuera hablar de amor en plácida calma... Pero Almagro, profanamos esta santa noche con acentos amorosos, cuando sólo debe reinar la veneración religiosa, y el respeto debido a los muertos; adiós, ya me esperan mis guerreros... adiós.

Espera Coya, si me amas como yo te adoro, lejana de mi lado, te será la vida un peso insoportable; se permito la comunicación de los campos, concédeme que lo busque en Cajamalca, que beban mis ojos en los tuyos mil amores...

Sí, en Cajamalca y en la campiña nos veremos, adiós.

Un cándido llanto corría por las mejillas de los dos amantes; Coya con vacilantes pasos se dirigió hacia sus batallones, y Almagro en un helado pasmo, montó a caballo y buscó a Soto que había quedado con la avanzada observando las fuerzas peruanas. La bella Coya tal vez temía haber traspasado el rubor de candorosa virgen confesando su amor a Almagro, pero bien penetraba que obró a impulso de una fuerza irresistible, a impulso del amor que rompe al fin los ardientes pechos que intentan sofocarte con una expansión violenta. Almagro enajenado sentía toda la ventura de su triunfo, se tenía por el más feliz de los humanos, pero preveía también que su amor había de ser un negro meteoro como predecía Coya.

Los sacerdotes y el pueblo peruano elevaban en acordes coros sus preces a la deidad, y a pesar de toda la pompa ya terminaba el enterramiento. La noche oscura y silenciosa iluminada sólo por las hogueras de los españoles, y los blandones funerales, iba terminando su perezoso curso, cuando Atahulpa no pudiendo resistir por más sus melancólicos recuerdos, suplicaba ardientemente a Pizarro que le diese feliz muerte, para compartir la gloria de su corte, de sus nobles y de sus guerreros; pero Pizarro y Luque lo consolaban con halagüeñas esperanzas, y le recordaban su pronto rescate.

Ya al fin los sacerdotes terminaron la ceremonia, y murmurando nuevas preces se fueron retirando para Cajamalca, seguidos del inmenso pueblo. Coya marchó también con sus batallones, Almagro se retiró con su avanzada, y un silencio sepulcral tornó a reinar en la campiña. La sombra de Colón es fama que aquella noche apareció sobre el campo español, envuelto entre radiante nube, y que derramando copioso llanto sobre la tierra que cubría tantos despojos humanos, tornó otra vez a desaparecer por los ámbitos del cielo.

11

BAUTISMO

La más profunda calma reinaba en el campo invasor y en el ejército peruano; el interés de unos y otros exigía el exacto cumplimiento del convenio celebrado en el rescate de Atahulpa; y como una de las condiciones era la comunicación entre los campos, los peruanos pasaban a las tiendas españolas, y los castellanos entraban en Cajamalca. Los pocos nobles que escaparon de la matanza en la prisión del Inca, continuamente llegaban a tributar su homenaje a su infeliz monarca, y el pueblo y los soldados corrían a porfía a llenar el número de ciento que podían entrar en las tiendas, ya para ver al Inca, ya para admirar a los hijos del Sol, cuyo aspecto, cuyas armas les eran cada vez más incomprensibles y misteriosas. Pizarro empero, no permitía a sus soldados que pasasen con frecuencia a Cajamalca. Persuadido de que su grande prestigio consistía en que los españoles fuesen mirados como seres sobrenaturales, no le convenía que viesen los peruanos de cerca sus debilidades humanas. ¡Tanto han decidido las preocupaciones de la suerte de los pueblos! Empero, si algunos españoles entraban en la ciudad, revestidos de sus bruñidas cotas, ostentando sus largas y negras barbas, empuñando sus armas temerosas, infundían en los sencillos habitantes un terror religioso que les aseguraba la victoria.

En tan lisonjera calma continuaron por algunos días los campos enemigos, mientras que los emisarios de Atahulpa corrían con la velocidad del rayo las provincias del imperio reuniendo el oro del rescate. Ni Vericochas, ni el valiente Huascar agitaban los ánimos contra los españoles, y ni Pizarro ni los suyos daban el menor motivo de queja esperando solícitos los inmensos tesoros. Luque, intolerante y fanático no podía sufrir con indiferencia el culto del imperio, ni su sistema religioso; empero, disimulaba su intolerancia y se amoldaba a los momentos. Con la cruz y el breviario alentaba infatigable a sus compañeros, continuamente les recordaba que su primer deber era extender la religión de Jesucristo en el Nuevo Mundo, y que si les ordenaban los destinos perecer en la ardua empresa, halagados de su Dios, la bienaventuranza eterna los esperaba en el otro mundo. ¡Oh! ¡cuando pudo ser vencido un ejército de fanáticos!

Ocollo diariamente visitaba a su adorado Inca, llenándole de esperanzas halagüeñas; y Atahulpa seducido por la cortesanía de Pizarro, concebía un delicioso porvenir, y aun no maldecía a los venidos del Oriente. Pizarro que desde el principio había sido sensible a los encantos de Ocollo, de día en día a su pesar se precipitaba en una pasión violenta, que pudiera contrariar sus intereses. Degradar le pareciera sus victorias y su carácter de conquistador, si confesaba su amor a la hermosa y fuera rechazado, y le sofocaba en su pecho, expuesto a estallar como el volcán ardiente. Ocollo, llena de amor por el Inca, ni sabiendo, ni pudiendo imaginar la oculta pasión de Pizarro, correspondía a sus corteses ademanes y a sus expresiones amistosas, y volvía sus tiernas miradas a su adorado Inca, y el conquistador alimentaba sus esperanzas de ser amado.

Atahulpa desde su prisión daba las órdenes convenientes si bien a presencia del oficial de guardia, y regía el imperio. Tranquilos los sacerdotes del Sol celebraban sus pomposas ceremonias y sus inocentes sacrificios, y la esposa y el esposo se prodigaban en la calma dulces caricias y todo respiraba paz y ventura. Huascar, sin embargo, criado en la guerra, y como inspirado de los dioses, atendía ocultamente al completo armamento y equipo de sus guerreros, y observaba cuando le era posible las armas de los españoles. Siempre noble, siempre valiente, su conducta era la más franca con el monarca y con el pueblo; lejos de la ambición del mando, el amor de su patria era su móvil, y en su pecho no cabía la perfidia. Vericochas, sagaz y meditabundo, anhelante esperaba el rescate, y en profundo silencio, se guardaba muy bien de derramar la desconfianza en los adoradores del Sol, y sus temores no salían de su pecho sino para implorar la piedad del Dios benéfico del imperio. No era sacerdote antropófago, era ministro de un Dios de paz, del Dios de la luz.

Abrasado Almagro por su pasión devoradora, conturbado, zozobrado, en vano quisiera ocultar su amor a los ojos de sus compañeros. Si Coya estaba en Cajamalca, allí Almagro; si corría la campiña, Almagro fatigaba su caballo y seguía sus pasos; si pasaba a la tienda de Atahulpa, Almagro fijaba en ella sus miradas. Luque y Pizarro conocían todo lo funesto que pudiera ser a su empresa amor tan violento, y obraban entre sí con reserva de su compañero, porque como decía Luque, no cabe secreto en el pecho de un amante. Almagro también penetraba la reserva de sus compañeros, pero contento con adorar a Coya, ni les pedía explicaciones, ni pensaba en la conquista del Perú.

Tampoco desconoció Huascar la pasión de Coya, y miraba con complacencia aquel amor naciente, porque seguro que la peruana no faltaría ni a su honor, ni a su Dios, ni a su patria, pudiera estar iniciada en los secretos de los españoles, de demasiada importancia para el ejército peruano. Los dos felices amantes no perdían momento de reiterarse sus protestas amorosas, y su amor cada vez más inextinguible, ya sólo la muerte pudiera terminarlo. Tal vez a Almagro le asaltaba la triste idea de la desemejanza de sus cultos religiosos, y tal vez a Coya, la de la muda ausencia; pero en el momento de mirarse, en el momento en que obraban los sentidos, callaba la débil razón, que siempre nos abandona al impulso de las sublimes sensaciones.

Los peruanos pasando a las tiendas de Pizarro aumentaban su asombro al observar de cerca la artillería, los caballos, y el equipo de los españoles: pero los expedicionarios entrando en Cajamalca, observaban la debilidad de sus murallas y de sus edificios, la simplicidad de los indios, y las probabilidades que les aseguraban la victoria. Aun más llamaban su atención los infinitos tesoros que veían en los templos, en los palacios y en las casas, y enardecida su codicia, ansiaban el momento de que a la señal de la trompa guerrera se diera la voz del acometimiento. Pizarro severo, rígido en la disciplina, publicó un bando en que condenaba a muerte a cualquiera jefe o soldado que condenaba el crimen de robo. Aunque las violencias fuesen comunes, los indios siempre humanos, jamás dieron parte al jefe de exceso alguno: pero Pizarro mismo vio a uno de sus soldados arrebatar los adornos de oro con que se engallardecía una joven peruana, y el criminal fue sentenciado a muerte. Bien conocía lo importante que le era un soldado, pero conocía también lo indispensable de la rigidez en la disciplina, y lo maravilloso que sería a sus enemigos ver su inflexibilidad, y mirar caer a un hijo del Sol como herido de un rayo, al mover de sus labios poderosos.

El reo fue auxiliado con todos los socorros espirituales, y cundiendo el suceso por Cajamalca, un innumeroso pueblo salió a la campiña a presenciar el suplicio. Interesaba a la política de Pizarro mandar él mismo la escolta que arcabuceara al reo, para que se lo tuviese por el Señor que disponía de los rayos, y en efecto él dio la voz de fuego y cayó la víctima despedazada. El terror en los peruanos fue inexplicable al ver la inflexibilidad de Pizarro con sus mismos compañeros, y al ver que a su voz, estallando el rayo pavoroso, sepultaba en la nada a un hijo del Sol.

Treinta días se pasaron en tan bonancible calma y los mensajeros mandados a Quito, Cuzco, Potosí, y otros países a recoger utensilios de oro, iban llegando a Cajamalca cargados del metal precioso. Acostumbrados los peruanos a obedecer ciegamente las órdenes de los Incas, aunque estaba Atahulpa prisionero, entregaban sumisos con su orden el oro de los templos y de los palacios, calmados con la esperanza de ver a su monarca otra vez en libertad rigiendo su imperio; y el preciado metal corría a torrentes por toda partes a Cajamalca, y el rojo metal arrastraba tras sí la ruina del venturoso imperio.

Luque siempre infatigable en su celo de proselitismo, diariamente predicaba a cuantos indios llegaban al campamento, los misterios y las doctrinas del cristianismo; pero el culto del Sol era en el Perú tan antiguo como el imperio, y la religión de Jesucristo, metafísica y fundada en la fe, escapaba de la escasa penetración de los indios. El culto del Sol se les presentaba bajo tan sencillo sistema de sensaciones, que en vano Luque ofrecía con fervor y entusiasmo el agua sacrosanta del bautismo. Vericochas por otra parte y los demás sacerdotes, con elocuencia oriental predicaban a los indios las falsas creencias de los invasores, les recordaban los atributos benéficos del astro de la luz, su divina influencia, la vida y el vigor que derramaba en el mundo, y la negra ingratitud que sería negarle la adoración.

Almagro valiente y gentil, reunía todas las escasas virtudes que distinguían a un caballero del siglo XVI. El amor, la valentía y el cristianismo eran sus primeros atributos, y le sepultaba en la melancolía la sola idea de que Coya no fuese guiada por la senda de la eterna salvación. Difícil fuera convertirla al cristianismo, pero fuera a Almagro más difícil dejarla de adorar, o seguirla amando si no recibía el agua del bautismo. En sus frecuentes entrevistas, Almagro insensiblemente sondeaba el corazón de Coya, el amor inspiraba persuasión y elocuencia a sus labios, y el amor abría el pecho de la hermosa a los acentos de su adorado.

Ya en una tranquila noche habían de verse en la margen del manso arroyo que escuchó sus primeros amores, y Almagro previno a Luque que estuviera por aquellas inmediaciones, que acaso un catecúmeno recibiría las aguas del bautismo. Llegó la hora de la cita, se hallaron los dos amantes, y Almagro devorado por una profunda melancolía, despertó la curiosidad de su adorada. ¿Que así empalidece tu rostro, le preguntaba Coya? ¿dudas acaso de mi amor?

No, cándida virgen, tu amor es tan inalterable como las estrellas; pero tú mismo lo dijiste, nuestro amor será un negro meteoro.

Habla, que secreto...

Oye, hermosa Coya. Apenas anoche cerraba los párpados al sueño, mi ángel tutelar se presentó a mi vista bajo formas portentosas. ¡Y así ofendes a tu Dios, me repetía, con voz de trueno, amando a una idólatra! Huye de sus caricias, no provoques las iras del Dios omnipotente.

¡Y tu Dios injusto conturbará nuestro inocente amor!

Ay, Coya, no amarle es un crimen, es el padre del Dios que tú adoras.

El sol nos derrama sus inmensos dones, y sólo nos exige inocentes sacrificios de los frutos que nos prodiga, no nos exige sacrificios del corazón.

Tú conoces el poder de los venidos del Oriente, y podrás adivinar el poder de su Dios. Eterno, omnipotente, incomprensible, adoramos sus decretos, y no indagamos las causas.

Es verdad, debe ser muy poderoso, sus hijos son invulnerables, y lanzan los rayos.

¿Y tú no le amarás?...

Sí, yo también le amo porque es tu Dios.

Y renunciando a tus falsas creencias, ¿no recibirías el agua del bautismo, y seguirías la religión de Jesús?

No, Almagro, también el Sol es poderoso, es el Dios de mis abuelos, es el Dios de mi patria, yo soy su hija.

¿Y así, Coya, pronuncias el fatal decreto de nuestra eterna separación? Mi Dios me prohíbe amar a una idólatra, y yo sólo puedo cumplir sus eternos decretos.

¿Y tan negro crimen, y tan bárbaro sacrificio exigirá tu Dios de una desdichada?

Yo te adoro, Coya; sólo puedo querer tu bien, a mi me ha concedido el destino penetrar más hondas verdades. Tu felicidad eterna depende, Coya, de que abraces la creencia de tu Almagro.

Es verdad, a ti te han revelado los Dioses más secretos, tu Dios es más poderoso que el mío, aunque yo no lo conozco, nuestro amor lo exige; tú me lo mandas, yo recibiré las aguas del bautismo.

¡Oh! imagen de los Dioses, llega a mi pecho abrasado de amor y de gratitud...

¿Pero un eterno secreto cubrirá mi negra apostasía?

Sí; yo te lo juro... Aquí inmediato estará el sacerdote.

Almagro salió a buscar a Luque, que a los pocos pasos le esperaba, y volvió con él a la margen del arroyo que Coya aumentaba con su llanto.

Peruana, la decía el sacerdote, derramaré sobre tu cabeza el agua de la salvación, si juras ante este crucifijo que crees en su eterna omnipotencia, que crees los misterios y artículos de fe, y que adoras su nombre.

Así lo quiere Almagro, yo lo juro, repetía Coya sin consuelo.

La condonación eterna, los sulfúreos tormentos, decía el cristiano sacerdote, te esperan en el mundo venidero si profanases las palabras de Jesucristo.

No, Luque, no atormentes más su corazón afligido; bautízala en nombre de tu Dios, que así lo quiere Coya, yo te lo juro, lo decía el sensible guerrero.

Postrada al fin la hermosa de rodillas, con sus palmas levantadas a los cielos, recibió el agua del bautismo, e hizo la profesión de fe que la mandó Luque.

El Ministro de Cristo se retiró para las tiendas, y Almagro acompañó hasta la ciudad a la infeliz peruana, que consoló algún tanto sus penas y enjugó su lloro para no llamar la atención de Vericochas, de Huascar y de todos los habitantes de Cajamalca.

En esta noche, el cristianismo señaló su primera victoria en el Nuevo Mundo del Mediodía; la profecía de los santos textos que anunciaban el triunfo de la cruz en todas las regiones, empezó a brillar esplendente en el siglo XVI en las costas del mar del Sud, y los magníficos templos del Sol se estremecieron en aquel momento cual si fueran sacudidos de violento terremoto.

12
HOSTILIDADES

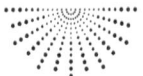

Los emisarios de Atahulpa que corrían el imperio reuniendo el oro necesario para el rescate, empezaban a llegar a Cajamalca conduciendo enormes cantidades, según el cupo repartido a cada provincia; todos llenos de inquietud ansiaban el momento de ver reunido el necesario para llenar la tienda hasta la altura convenida, y todos contribuían gustosos y solícitos al objeto, y en tanto, como hemos visto, los campos enemigos parecían estar en la más acorde harmonía. Ocollo no se separaba del pabellón de su adorado Inca, y hasta Huascar y Vericochas tenían frecuentes entrevistas con los jefes invasores, y tocaban superficialmente algunos puntos de religión y de política. Pizarro, cual león que enguedeja su melena tras de la esquiva leona, seguía ardoroso los pasos de la hermosa Ocollo, y de día en día se inflamaba con más violencia la llama de amor que ardía en su pecho, que mal pudiera escaparse a las vigilantes miradas de Luque.

Recuerda, amigo, recuerda, le dijo un día a su compañero, que ultrajas a tu rey y a tu Dios, amando a esa idólatra. A extender el Colosal Poder del trono de Castilla, a propagar la adoración de la cruz, has venido a estas remotas playas, no a gemir víctima del amor cual un débil mancebo.

No cual un débil mancebo, no, lo respondió Pizarro... Aquí, en mi pecho, siento un volcán inextinguible, pero no temas que gimiendo me postre a las plantas de la ingrata a implorar sus favores; el conquistador del Perú la sabrá arrebatar de entre los brazos del Inca, de entre el ejército peruano, y la violencia...

Generoso siempre Almagro confesaba a sus compañeros su ardiente amor por Coya, les pintaba sus encantos con todo el entusiasmo de un arrebatado amante, y respiraba en sus proyectos y en sus expresiones la humanidad de un pecho sensible a las inspiraciones de un amor divino. Confesaba francamente a sus compañeros que conocía la reserva con que tendían los planes de la conquista del imperio, pero que él los dejaba en absoluta libertad porque ya había conquistado el corazón de Coya, que valía más que la conquista del mundo.

El oro reunido en Cajamalca ascendía a inmensas sumas, y creyó el consejo que bastara para llenar lo convenido en el rescate del Inca. Atahulpa más ansioso que nadie de comprar su libertad, mandó que inmediatamente se trasportase a la tienda en que estaba prisionero, ya fuese en barras, o ya en manufacturas propias del país, y de más o menos trabajo artístico. En efecto, innumerables indios, conducían el oro del rescate, y los invasores fijaban sus ansiosas miradas en un portento que excedía a las magníficas ideas que se habían formado del país. Un día y otro día continuaba el trasporte con la mayor actividad, y cerca de mil quintales de oro entraron en las tiendas de Pizarro.

No habrán olvidado nuestros lectores que el convenio celebrado para el rescate era que se llenase de oro hasta la altura de un hombre el pabellón del Inca, y que Pizarro inclinaría el ánimo del grande rey del Oriente, para que admitiese el convenio, sin cuya aprobación no pudiera definitivamente ratificarse. Sea que los peruanos diesen por conseguida la aprobación del señor del Oriente, mediando su delegado, fuese el ardiente afán de verse en libertad el Inca, fuese el excesivo amor y respeto que tenían a su emperador los peruanos, es lo cierto que precipitadamente, y sin preguntar por la aprobación del grande rey del Oriente, el oro se empezó a transportar con toda la actividad al campamento, colocándose más o menos cuidadosamente en el pabellón del Inca, hasta que subiera a la altura convenida; pero el espacio era demasiado considerable y faltaba oro como para llenar un pie de elevación.

Conforme se reunía el oro del rescate. Pizarro iba enfriando sus demostraciones de atención con el Inca, y tomando un aire de superioridad muy ajeno de la conducta que hasta allí había observado. Bien pronto lo advirtió Atahulpa, y creyendo que naciese de la falta del oro que aun restaba, se dirigió a él y le dijo con el candor propio de la inocencia. «No, nada temas, hijo del Sol, la violación de los juramentos es en el Perú el más negro crimen, y jamás provocaré las iras de la deidad que adoro. Si aun no está llenada la suma de mi rescate, en breve llegarán los mensajeros de las provincias lejanas y verás reunido más oro del necesario.»

Sí, Atahulpa, le respondió severo el español, tú y yo llenaríamos religiosamente nuestro convenio, pero desgraciadamente, según órdenes que acabo de recibir, no le aprueba en todas sus partes mi señor, el grande rey del Oriente. Sus severos e inalterables mandatos te niegan la libertad, si no te confiesas además su tributario, y si no abandonas tus bárbaras creencias religiosas y abrazas la religión de la cruz.

¡Y podrá el gran señor del Oriente!... quería reponer el Inca en un helado asombro.

Es poderoso y lo puede todo; yo sumiso obedezco sus órdenes.

¿Y el oro reunido?

Es tuyo, le contestó Pizarro, puedes disponer de él, pero las armas vencedoras de mi rey y señor, irán a buscarle a tus palacios y en los templos de tus malditos ídolos. Yo por mi parte cumpliré las órdenes de mi rey, y sólo exijo de ti que renuncies a las caricias de la encantadora Ocollo, me cedas tanta hermosura, que ardiente, devorador ambiciono... Los mandatos del señor del Oriente y de Pizarro son inalterables, piensa en tu salvación.

Puede sentirse, pero no explicarse el profundo estupor en que el Inca quedó sepultado. Cuando ya creía llegado el momento de volver a su libertad, a su trono, y a las caricias de su hermosa, oye la voz de trueno de Pizarro que arrebata todas sus mentidas ilusiones. Pero Atahulpa, hijo de diez Incas, hijo del Solo, monarca del imperio y hombre ofendido, tornó en breve a la calma y a la dignidad propia del inocente. -Sí, Pizarro, le dijo, sé mi posición, cumple las órdenes del emperador del Oriente, pero jamás me creas débil ni criminal.

Admite mis condiciones, y serás el vasallo predilecto del gran Carlos 5º y hallarás tu salvación eterna.

¡Yo, tributario de un rey usurpador y sectario de un Dios que no conozco, pero que vosotros sois sus hijos!!

Blasfemo, no irrites los rayos que ya vibra su diestra.

Allá en un día yo le tuve por hijo del Sol, y por mi hermano; pero no, tú no desciendes del Sol, tú descenderás del negro averno.

Yo mando en los rayos, y soy invulnerable: no provoques mis iras. Tranquilo puedo insultar tu arrogancia.

A pesar de su carácter feroz, Pizarró dejó al Inca en medio del delirio, y marchó a reunirse con sus compañeros para empezar a poner en ejecución definitivamente sus planes. Ocollo que supo el suceso se abandonó al dolor más profundo y al llanto más abundoso. -Yo, repetía, me he de rendir a los bárbaros halagos de tu destructor, y te he de ver llorando el crimen de vender a tu Dios y a tu patria, o he de mirar tu cadalso... Y sus angustiosos gritos herían hasta las bóvedas celestes... En el momento se advirtió en el campo la inesperada mudanza, que cual fuego eléctrico se comunicó a la ciudad. -El rescate ha sido bárbaramente violado, era el grito general que resonaba en Cajamalca y en el ejército... Vericochas y Huascar aunque no dormían en la confianza, no esperaban tampoco tan fatal desenlace, y marcharon, aunque conociesen el peligro que les amenazaba, a la tienda de Pizarro, y le manifestaron su asombro; pero el conquistador dictaba inalterables mandatos.

Coya ansiosa buscó a su Almagro, llamándole pérfido seductor.

Si, tú y tus compañeros, le decía, sois hijos del crimen, ¿por qué has vendido tu amor a un pecho inocente? ¿Por qué me has arrancado del culto de esa deidad que adoro, para hacer profesión de fe a un Dios que protege a los malvados? ¡Ah! Si tuviéramos vuestras armas destructoras, huiríais despavoridos a vuestros climas infernales; arrancáramos de entre vuestros brazos al Inca, y tornara a brillar tranquilo el astro luminoso!

No, amada Coya...

Bárbaro, ¡y aun osarás hablarme de amor! Ya he arrancado tu imagen de mis entrañas, en que brillaba como volcán en las nevadas cimas.

Óyeme, Coya, y tal vez mereceré tu compasión. Yo soy sensible cual si hubiera nacido en este imperio, pero la suerte próspera o adversa me ha conducido entre mis compañeros a este suelo. Te vi, te amé, te idolatré, y en vano hubiera querido ocultarles mi amor; conocieron que en el pecho de un amante jamás cupo secreto con su adorada, y Luque y Pizarro me ocultaron sus planes cuidadosamente; ni nada he sabido de las comunicaciones con nuestro emperador; nada, Coya, ni nada he procurado saber porque me bastaba con tu amor, y tu amor era mi universo.

Coya, que jamás pudiera sofocar la pasión que Almagro le había inspirado, sentía mitigarse su ira al escuchar sus protestas, y un dulce llanto que mutuamente se confundía por las mejillas, probaba el candor de las dos sensibles almas.

El campo invasor puesto sobre las armas conservaba un aspecto amenazante; Atahulpa sostenía su calma: exhalaba hondos gemidos, y Vericochas y Huascar infatigables volaban del pabellón de Pizarro al pabellón del Inca, y en vano se fatigaban en procurar transacciones. Pizarro llevado de los deberes de vasallo, de su ambición, de su amor y de su fanatismo en nada podía ceder de las condiciones últimamente propuestas. Atahulpa no podía renunciar a las caricias de Ocollo, ni vender a su patria y a su Dios, y sólo un cruel rompimiento pudiera ser el éxito de las negociaciones.

Tal vez Ocollo postrada a las plantas de Pizarro, envuelta en abundoso lloro, imploraba en vano su piedad y lamentaba sus penas. -Si es cierto que me amas, mis gemidos penetrarán en tu pecho y moverán tu compasión. Tú lo sabes, tú que desciendes de un Dios poderoso, sabes que son sagrados los juramentos, y yo he jurado mi amor a Atahulpa ante este Dios que nos ilumina. Lleva ese preciado oro al rey del Oriente, pero deja en su paz y en sus delicias a este desgraciado imperio. -Ocollo, la repetía Pizarro, yo te suplico y suplico al Inca, cuando pudiera arrebatarte de entre sus brazos, cuando talando a sangre y fuego estos débiles dominios pudiera hacerles adorar la cruz y postrarse ante el poder del rey del Oriente.

Todo era en vano, cuando el noble Almagro con pasos majestuosos se llegó a su compañero. -Pizarro, le dijo, con severo acento, ya te había advertido que conocía vuestra reserva, pero jamás creyera, que en mis compañeros cupiera el crimen meditado. Si no creíste llenados nuestros deberes con presentar ante el rey de Castilla los tesoros del rescate del Inca, ¿a qué juraste en nombre de Cristo guardar los conventos sacrosantos? No para la devastación buscamos los remotos climas; a hacer tributarios de la corona de España, a sacar a los pueblos de la estupidez y a extender el Evangelio, nuestro Dios propicio nos abrió las ondas de los inmensos mares, y nos guió a estos remotos climas.

El estandarte de Cristo, repetía Pizarro, tremolará sobre las ruinas del imperio.

-Podremos devastando y derramando el terror hacer tributarios al rey de Castilla, pero no adoradores de Jesús: el amor nos da el triunfo más seguro. Si llevamos tras nuestros pasos la violencia, el crimen, la inquietud, ¿qué idea formarán los inocentes indios del Dios eterno de justicia? ¿Cómo abrazarán el cristianismo siendo los cristianos sus destructores? Da libertad al Inca, nosotros permaneceremos en su imperio, inspiraremos a los peruanos la dulce moral de Jesús, ilustrándolos en las ciencias y en las artes, haciéndoles conocer la dignidad del hombre, haciéndonos sus hermanos, y procurándoles su ventura.

Ya no eres tu el guerrero Almagro, eres un débil mancebo adormecido en los brazos del amor.

Yo soy el guerrero Almagro, no el bárbaro Pizarro; yo soy el hombre sensible que detesta el crimen, pero que vuela gozoso a los combates y a la muerte.

Yo soy el Gobernador del Perú.

Yo ciño una espada protectora de la inocencia.

Ya los dos guerreros tiraban rabiosos de sus espadas, cuando Luque que no lejos escuchaba la enconada contienda, voló entre ellos con un crucifijo en las manos. Fuego brotaban las miradas de los dos irritados españoles, pero al levantar Luque la cruz (estamos en el siglo XVI) depusieron humildes los fulminantes aceros, que centelleaban rayos de venganza: Un helado pasmo siguió al furor, y Luque dominó las iras. Vuestro Dios, clamaba, no perdonará tan negro crimen; os condujo a estas playas a propagar la adoración de la cruz; y malvados, sólo sensibles a débiles pasiones, cruzaréis los aceros, y los idólatras mirarán con sonrisa que os despedacéis a vosotros mismos en vez de procurar el triunfo de Jesucristo.

Aunque la tienda de Atahulpa, rodeada de una poderosa guardia, seguia abierta a la comunicación de los Indios, y Atahulpa, Huascar y Vericochas pensaban en la más impasible calma en la salvación del imperio, al fin conocían el triste porvenir que le estaba reservado. Huascar y el sacerdote temían por el Inca, y el Inca no dudaba que estaba ya su suerte decidida, pero sólo temía el porvenir de su imperio. En vano proponían a Pizarro diferentes transacciones, en vano le ofrecían sumas inmensas de oro por tributo anual al rey del Oriente, pero jamás entregarle a Ocollo, y menos abandonar el culto del Sol.

Huascar conoció que era indispensable recurrir a las armas, pues no bastaba apurar todos los medios que sugería la prudencia; y marchó a Cajamalca a alentar y a prevenir a sus guerreros. A pesar de toda la política de Pizarro, las relaciones entre los Indio y los Españoles habían sido demasiado activas, para que al fin los habitantes de aquellas comarcas no se familiarizasen con los venidos del Oriente, y para que no les hubiesen perdido parte de aquel terror religioso que al principio les infundieron; sin embargo los efectos de los arcabuces y artillería, estaban aun fuera de su comprensión, el estampido de la pólvora inflamada les era siempre incomprensible, y los invasores aun nivelaban sus cortas fuerzas con las fuerzas colosales del imperio.

Fuera o no precipitación de los peruanos llevar el oro del rescate al campamento, era ya muy difícil volverlo a transportar en las circunstancias a que se había llegado, por mucho que Pizarro les brindase a ello, porque el gran rey del Oriente no hubiese aprobado el convenio sino con las adiciones que hemos indicado, y los peruanos se cuidaban poco también de tal tesoro, que por inmenso que fuera para los invasores, para el imperio era harto depreciable. Como ya hemos indicado era imposible toda avenencia: Pizarro a la sombra del nombre de Atahulpa había reunido en sus tiendas una gran parte del oro del imperio; sus soldados ansiaban ya el momento de repartir el nuevo botín, que al jefe también conviniera circulara por las Colonias inmediatas, y su fama volase por el universo para que nuevos expedicionarios aumentasen sus fuerzas, y todo contribuyó a que al son de clarines y atambores se publicase un bando en que se daban por terminadas las treguas, y se cerraba la comunicación de los campos; exceptuándose sólo a Ocollo que pudiera pasar al campamento español, acompañada de diez Peruanos.

En todos los siglos no habría que buscar en los ejércitos los derechos de la razón y de la justicia, a todos se hace superior el derecho de la fuerza; pero en el siglo XVI, cuando el pontífice Alejandro daba la investidura de los nuevos continentes a los monarcas temporales que razones de política, o de interés de la curia de Roma, así lo exigían;

cuando los que no eran creyentes de la cruz eran monstruos sobre la tierra que era preciso exterminar a sangre y fuego; cuando a los inocentes habitantes del Nuevo Mundo se tenían por seres que aun no correspondieran a la raza humana, Pizarro hizo un esfuerzo de generosidad superior a su siglo publicando que las treguas habían terminado y se rompían de nuevo las hostilidades, generosidad que ha cohonestado en la historia el inmenso botín que le produjera la falsa estratagema del rescate.

13
ATAHULPA

Rotas las hostilidades y evacuado el campo español, era la primera urgencia proceder al reparto del tesoro entre los invasores. Aquí invocamos la tolerancia de nuestros lectores, si copiamos a la letra un texto peruano hallado en el templo de Cuzco, y le recordamos de nuevo que nuestra historia se refiere al siglo XVI. Los primeros rayos del Sol se derramaban por las cimas de los Andes, y Luque revestido de los ornamentos de su Dios, celebró una solemne misa invocando el nombre de Jesús e implorando su gracia para repartir los frutos de la iniquidad. El Dios de los venidos del Oriente, es un Dios codicioso de oro en los labios de sus ministros.

Sin que sea nuestro ánimo detenernos sobre este impío texto, diremos por convenir a nuestra historia que se procedió al reparto del tesoro; que se separó cuidadosamente el quinto para el rey de España, conservándole algunas obras preciosas de manufacturas: se distribuyeron exorbitantes sumas entre Pizarro y los jefes, y aun se dieron a cada soldado diez mil pesos fuertes. No, jamás ha ofrecido la historia otro ejemplo de tan pronta fortuna adquirida por servicios militares, ni jamás tan rico botín se repartió entre tan corto ejército.

Tal vez pareciera que llenada la ambición de los aventureros solo pensaron en retirarse a su país nativo, pero Pizarro que preveyó el resultado que muy bien pudiera tener el reparto y el anterior botín, tuvo política bastante para prevenir las consecuencias. Al tiempo que les aseguraba la facilidad del triunfo, movía su ambición pintándoles los tesoros que encerrarían Cajamalca y Cuzco, cuando tan fácilmente habían reunido el del rescate de Atahulpa, y las piedras preciosas que encerrarían las montañas y arrastrarían los torrentes. Luque, infatigable, les recordaba con entusiasmo los deberes de los adoradores de Jesús, y el alma de los españoles se dilataba al contemplar que colocarían el estandarte de la cruz sobre las ruinas del imperio. El valor, la ambición, el fanatismo, el terror de la dura disciplina de Pizarro, todo contribuía a que en nada se desmembrase la corta división, y que corriesen intrépidos a la victoria.

Muchos días llevaba Pizarro en una inacción que tenía por vergonzosa, acostumbrado a eternos combates, y ansiaba el momento de esgrimir de nuevo la espada para ceñir los laureles. Por otra parte advirtieron en la ciudad cierto aspecto guerrero, y no dudaron que aun querrían intentar salvar al Inca, o llegar de todos modos al rompimiento. Los Españoles también por su parte deseaban arruinar los muros de Cajamalca, y el cráter del volcán ya retemblaba al ronco mugido del fuego que ardía en sus entrañas.

Luque, fanático curioso, mil veces aunque en vano, había expuesto al Inca las excelencias del cristianismo, y cuando ya empezó a conocer que no era posible separar a Atahulpa de sus falsas creencias e idolatría, preparaba en su mente las negras hogueras inquisitoriales en que había de entregar a Satanás aquella alma impía. Pizarro y Luque caminaban siempre unidos en los planes, porque si de caracteres heterogéneos, su temple de fibra era el mismo. El ministro de Cristo repetidas veces había instado al general a que se obligara al Inca definitivamente a que abrazara el cristianismo; y asegurados los tesoros del rescate ya nada pudiera impedir la ejecución del proyecto.

En efecto, el mismo Luque pasó a la tienda del Inca en nombre de Pizarro, y le declaró solemnemente que si no abrazaba el cristianismo y se declaraba tributario del gran rey del Oriente, tendría que sujetarse al fallo de un consejo de guerra, que le juzgaría como hereje y como reo de lesa-majestad. Tranquilo. Atahulpa, pero enternecido, alzaba los ojos al cielo, y exclamaba doloroso, ¡Oh Dios de justicia, y así abandonarás a tu imperio, y así gemirán los justos! Luque en vano usó de las súplicas y de las amenazas; el Inca le respondía que ya sabía su suerte, que exhalaría su vida en un cadalso, pero que jamás sería traidor a su patria, ni apostataría del astro luminoso que adoraba.

Sabida por Pizarro la obstinación del Inca, que tan acorde estaba con su plan, mandó reunir los principales oficiales de su corta división, y en pleno consejo se acusó a Atahulpa de hereje y de reo de lesa-majestad. Soto, Benalcázar, Ojeda, Mendoza, Luque, Pizarro, todos, todos unánimemente condenaron a las llamas al infelice, y sólo Almagro defendía con vigor los derechos de la justicia y de la inocencia. La oposición era violenta, pero la muerte del Inca estaba decidida y cedería Almagro. Sin embargo, el poder que tenía en su pecho la justicia, y los ofrecimientos que hizo a Coya, le llevaron hasta tirar de su acero y encender la guerra civil en el campo español, porque también contaba con secuaces; pero Luque gozaba de un mágico poder sobre el alma de Almagro cuando hablaba en nombre del cielo, porque al fin era fanático como caballero del siglo XVI.

-Almagro, te decía, los juicios del Señor son incomprensibles, él lo quiere y Atahulpa terminará su existencia, si no al rigor de las armas españolas, al fuego de los rayos que fulmine sobre su cabeza. El Inca es un impío obcecado en la herejía, este vasto imperio sólo obedece las inspiraciones del espíritu maligno, y la enseña de Sión ha de tremolar en toda la tierra.

Almagro cedió al fin, el fanatismo siempre tuvo más poder que la inocencia y las virtudes; y el consejo condenó a muerte al Inca, si bien Almagro se abstuvo de votar. Pero no de lesa-majestad Atahulpa debiera terminar su existencia arcabuceado; pero Luque disputó la víctima, y creyéndose aun mayor el crimen de herejía, había de ser quemado en las hogueras inquisitoriales. En efecto, ¡qué horror! fue firmada la sentencia, -«como reo de lesa-majestad y como hereje, el Inca Atahulpa, será quemado a vista del ejército.»

Ocollo que podía entrar en las tiendas españolas para que Pizarro saciase en ella sus libidinosas miradas, era la que conservaba las comunicaciones entre Atahulpa y el consejo de Cajamalca, y la que en vano levantaba sus lamentos hasta el Sol, para salvar al Inca. Consolándose estaba en su desgracia cuando el insensible Soto fue a notificar la sentencia al monarca del Perú. ¡A quien fuera dable pintar la situación y los gemidos de los dos infortunados esposos!

Tal vez la aflicción dio esfuerzo a Ocollo, y mandó a Cajamalca la infausta noticia y voló en busca de Pizarro. Postrada a sus plantas, entre un mar de llanto, le suplicaba por el Sol y por la Cruz, que compadeciera sus penas, que fuese sensible a sus tormentos, que escuchara la compasión... Pizarro empero tranquilo la levantó entre sus brazos, tú Ocollo, la dijo, tú puedes salvarle. -Es tan inextinguible, tan violento el amor que en mí encendiste, que en tú sola está su salvación. Ríndete a mis halagos... Trémula la desdichada ya miraba con indignación al héroe; ya se postraba a sus plantas, ya en profundo letargo era víctima de violentas convulsiones. Todo era en vano, Pizarro en su frenesí era insensible al lloro.

Ocollo volvió a la tienda de Atahulpa; no, le decía, ni mi amor, ni mis juramentos, ni mi Dios me permiten faltar a la fidelidad de esposa; sino rindiéndome a las bárbaras caricias de Pizarro, ya hubiera quebrantado los hierros que te oprimen. «Oh, exclamaba el inocente, y no tiemblas al pronunciar esas nefandas palabras.» -Sí, Atahulpa, llega la mano a mi pecho, verás su agitación. Pero aun merezco tu amor, aun soy digna de salvarte, concede la última gracia. -Yo me rendiré al bárbaro, quebraré tus cadenas, y volaré a las cimas de los nevados Andes, y me precipitaré en las ondas, y allí sepultaré mi vergüenza, pero salvaré a Atahulpa. -¡Impía, exclamaba el Inca, y te atreves a proponerme tan negra afrenta!... Las llamas me serán un lecho de flores. Todo era llanto y dolor, pero la virtud les inspiraba tranquilidad en algunos momentos.

Pizarro, ardiendo en amor y viendo la noble arrogancia de Atahulpa, no le quedaba otro recurso que la violencia para gozar de la hermosura de Ocollo. Loco en su frenesí, burladas sus esperanzas, hubiera arrebatado a la hermosa, si Luque en nombre del cielo no le denunciara con vigor su crimen. Pero volaban los momentos y había de ejecutarse la sentencia, para desembarazarse del Inca y poder atacar a Cajamalca. Por orden de Pizarro pasó Soto a la tienda de Atahulpa para sacar a Ocollo y conducirla a la ciudad. Soto sólo la dijo que el general quería hablarla, y el Inca la recordó con firmeza los deberes sacrosantos de esposa. Cuando ya la había sacado del pabellón de Atahulpa la intimó la precisión de que marchase a la ciudad, que ya tampoco la era permitido el entrar en las tiendas de españoles. La hermosa en medio de su delirio ya quería volar de nuevo a las plantas de Pizarro, ya volar al lado de su esposo y morir en su mismo cadalso, ya prorrumpía en justas imprecaciones contra los venidos del Oriente; pero Soto insensible a los tormentos de Ocollo, la arrastró violentamente hacia Cajamalca.

Cuando Ocollo se presentó en el consejo y refirió todos los pormenores de la sentencia del Inca, la indignación y el valor brillaban en los ojos de los cándidos peruanos, y prepararse al combate, y sucumbir en el campo de batalla, o salvar al Inca, fue el grito universal que resonó en Cajamalca. Coya aun esperaba en la promesa de su Almagro, e imploraba a su nuevo Dios que fuese justo para que le amara.

En cuanto Ocollo salió de la tienda del monarca, Luque llevado de su fanatismo, creyó deber auxiliar al reo con los sacramentos cristianos, y pasó a ver al Inca. -Ha llegado el momento, le decía; tu muerte está decretada, y la sentencia es inalterable.

-Lo sé, sacerdote, estoy dispuesto, soy inocente, he sido justo y nada temo de ese radiante sol que me ilumina.

-Mil veces te he expuesto que la salvación eterna sólo se halla en el cristianismo, que el espíritu infernal te obceca en la herejía, y que el Dios verdadero te manda por mi boca que corras a sus brazos y abandones la idolatría.

-Ese sublime astro, decía mirando al Sol, es el Dios verdadero, derrama la felicidad en la tierra y da vida al universo; ése es mi Dios, y ése recibirá mi espíritu.

-Acógete a la piedad de Jesucristo.

-Tu Dios no tendrá piedad porque tú eres su sacerdote.

-¡Ay de ti Atahulpa si mueres en el pecado!

-Yo te lo suplico, Luque, marcha con tus bárbaros compañeros, di que preparen mi suplicio, pero déjame morir tranquilo, no me atormentes con tu negro fanatismo hasta cerrar mis cansados párpados.

-Morirás como hereje entre las llamas, y entre las llamas de Satanás hallarás tu eterno tormento.

-Está mi espíritu tranquilo.

Marchó Luque bramando de ira, y expuso a sus compañeros la impía obstinación del Inca, sus blasfemias, sus sacrilegios y su impiedad. Todos le juraron su aborrecimiento y se prepararon las hogueras para quemar a ese perro, como decía Luque. El campo español estaba en tanto sobre las armas, pero si todos miraban con indignación la impiedad de Atahulpa, aun había sensibles y nobles

Españoles que conocían la injusticia de su muerte, y Almagro contaba con secuaces.

No ignoraba Pizarro que ardía en su campo la tea de la discordia, pero cauto disimulaba y seguía constante en la ejecución de sus proyectos.

La sentencia iba ya a ejecutarse y una grande hoguera ardía a vista de Cajamalca y de los invasores, cuando cien batallones peruanos salieron rápidos y valerosos a buscar la muerte entre las armas de los venidos del Oriente, o a salvar a su infeliz y adorado monarca. Pizarro conoció el peligro y se apercibió con valor al combate. Soto con cien hombres elegidos guardaba al Inca y los tesoros, y Pizarro al frente de los 400 restantes esperaba tranquilo el desbordado torrente que le amenazaba. Algún tanto familiarizados los peruanos con la táctica y las armas de los invasores por la comunicación que con ellos habían tenido, perdida en gran parte la veneración religiosa que les inspiraron, y ardiendo en sed de venganza, el combate no podía menos de ser dudoso, sangriento y obstinado.

Cual un torrente, los Peruanos se precipitaron sobre las lanzas españolas, y aunque el fuego del cañón y de la mosquetería asolaba las líneas, caían valientes, pero no se daban a la fuga; volvían a rehacerse, cargaban de nuevo y escuchaban las órdenes del bizarro Huascar. Almagro y sus secuaces, si bien conocían que no les quedaba otro recurso que la muerte o la victoria, empero no se batían con esfuerzo, y menos inspiraban confianza a Pizarro. El combate era obstinado, los gritos de los heridos y de los acometedores, con el estruendo del cañón resonaban pavorosos; los cuatrocientos españoles eran 400 héroes, pero ya habían sucumbido algunos y estaban heridos muchos, al tiempo que los Peruanos tal vez se aumentaban con refuerzos de la ciudad. Pizarro conoció lo crítico de sus circunstancias y mandó a Soto que arcabuceara al Inca, y cargará con los cien soldados escogidos.

Tranquilo el Inca se postró de rodillas ante el sol. -«Tú lo quieres, exclamó, deidad benéfica, yo volaré a tus celestes mansiones, pero no veré la ruina o la victoria de tu imperio.» -Cayó víctima al momento del plomo ardiente, y Soto cargó con furor en el combate. Ya los Peruanos cedían, y con la llegada de los nuevos combatientes se declaró la victoria y huyeron a la ciudad. Entre el fragor del combate, Almagro despreciando los peligros buscó ansioso a su adorada Coya para protegerla de los golpes de algún bárbaro. ¡Ah! pérfido, le dijo, cuando le vio; -Soy inocente, la repetía el guerrero, yo te adoro; y protegiéndola con su acero, en vano Coya quería dar la muerte ni recibirla.

La victoria fue al fin de Pizarro; los Peruanos se encerraron en los muros de Cajamalca, pero después de batirse con bizarría y con desesperación. El campo quedó sembrado de cadáveres indios, pero los españoles a pesar de cubrirse con sus cotas de las débiles armas de sus enemigos, padecieron también algún descalabro; siete muertos quedaron en el campo, tres fueron arrastrados prisioneros a la ciudad y muchos heridos estaban fuera de combate. El cadáver del Inca enrojecido entre su sangre no aplacó las iras del fanático Luque; aun ardía la hoguera en que había expirado y su cuerpo fue arrojado a las llamas como muerto en pecado y en herejía, e indignas sus cenizas de sepultura se dieron al viento. El Inca Atahulpa fue la primera víctima que el fanatismo del siglo XVI inmoló ante sus negras aras en las costas del mar del Sud, y con su ilustre nombre se abrió el martirologio Peruano.

14
CAJAMALCA

*A*unque los peruanos se batieron con la desesperación propia de un pueblo que combate por sus leyes, sus riquezas y sus Dioses, su derrota empero fue completa, y huyeron aterrados a encerrarse en los débiles muros: el campo quedó cubierto de cadáveres, y mil prisionero se quedaron en poder de los vencedores. Fingir ya era imposible; había llegado el instante del rompimiento, y el oro y la sangre habían de correr de un mundo al otro. Los invasores, fanáticos y ambiciosos, no tendrían tampoco otro recurso que la muerte o la victoria, y la batalla de Cajamalca abría una nueva era.

Almagro combatiendo, o por mejor decir protegiendo a su adorada Coya, ignoraba la muerte del Inca, y cuando vio su cadáver, acabó de penetrar la reserva de sus compañeros para con él; pero si temía las acusaciones de su adorada, dominado por el fanatismo de su siglo, tal vez no compadecía la suerte del obstinado idólatra. Era preciso cumplir con las negras exigencias del siglo, y aterrar a los prisioneros, y el cadáver del Inca fue arrojado entre lúgubres ceremonias a la hoguera que aún ardía. Luque frenético, con el crucifijo en las manos, corría la línea de los prisioneros peruanos exhortándoles a adorar la cruz; un bando irrevocable condenaba a perpetua servidumbre al que no recibiera las aguas del bautismo, y los aterrados prisioneros bajaban la cerviz al sacerdote y recibían el agua de la salvación, y en tanto el sol opaco y melancólico se ocultaba entre ligeras nubes, y sus adoradores postraban en la tierra sus frentes temblorosas, y tal vez temiendo sus iras, algunos de más ardiente fibra prorrumpían en terribles maldiciones contra el Dios de los venidos del Oriente, y eran arrojados a las llamas, y sus cenizas se daban al viento, y ni Pizarro, ni el furioso Luque eran criminales, porque era crimen de su siglo.

Rotas ya con furor las hostilidades, los aventureros ansiaban el momento de asaltar a Cajamalca, y dominar el imperio. Creyó el conquistador que nada debieran ignorar los magnates ni el pueblo de las sangrientas escenas de su campo, para que así el terror extendiera sus alas por todos los ámbitos, y dio al efecto libertad a diez prisioneros, que llenos de espanto llegaron a la ciudad, donde todo se ignoraba. Cuando se supo la muerte del Inca, la quema de su cadáver, la servidumbre o el bautismo de los prisioneros, el furor de la suerte en fin que al imperio amenazaba, el pueblo se estremecía, y en vano los sacerdotes fingían tranquilidad para procurar consuelo y entonar a su Dios humildes súplicas.

Solemnes funerales se entonaron en el templo por el Inca y por los muertos entre las llamas, o en el campo del combate; pero las aras del sol jamás teñidas con sangre, no reclamaron la de los tres prisioneros españoles que se habían cogido en la batalla. Llevados al templo, presenciaron las ceremonias de los peruanos, y en nombre del Sol les preguntó Vericochas cuál era el origen de sus ascendientes y cuáles los motivos de su conducta. Los prisioneros, aunque simples soldados, tuvieron la perspicacia suficiente para valerse de pomposas y enigmáticas expresiones, que aumentaban la confusión de los peruanos; bastante fuertes no temieron las amenazas de Huascar y de los guerreros, y sostuvieron con impavidez un origen y un carácter sagrado.

Sin embargo, uno de ellos herido mortalmente, brotaba la sangre a torrentes y la palidez de la muerte se pintaba en su semblante. Los peruanos cuidadosos observaban que la sangre era la vida de aquel cuerpo que desfallecía, observaban que sus armas habían penetrado en su carne, que la construcción del cuerpo era igual a la suya, y se convencían de que nada había allí de sobrenatural, que los venidos del Oriente eran hombres, y que estaban sujetos a la muerte. Despojados los prisioneros de sus armaduras y cotas, observaban su construcción y se persuadían que el arte y no la naturaleza los había hecho invulnerables, y de día en día perdían los invasores aquel mágico poder con que vencían antes de entrar en los combates.

Coya sumergida en llanto apenas osaba alzar los ojos en el templo ante un Dios que había abandonado, seducida por un pérfido amante que sepultaba en luto y ruinas a su país nativo; y Ocollo sin consuelo conmovía con un ardiente y abundoso llanto la compasión y las iras de los vasallos del Inca. Vericochas recordaba a los peruanos la gratitud que debían a su Dios, y Huascar elocuente proclamaba la libertad y la gloria. ¡Oh si los peruanos tuviesen también armas matadoras!...

Pizarro pensaba con ardor en la toma de Cajamalca, y se disponía a entrar en la ciudad, y cortar la retirada a los habitantes para que no pudiesen llevar los tesoros. El poderoso ejército que hubiera podido intimidarle, huyó dos veces al estampido del cañón y a las cargas de la caballería. Mil prisioneros que gemían en sus tiendas, si pudieran ser embarazosos, le eran también indispensables para las conducciones y trasportes de su división, y era preciso arrojarse ya decididamente a conquistar el imperio, y contando con la protección del cielo, que aseguraba Luque, gozosos los aventureros dividían ya entre sí las vastas y opulentas regiones.

En el momento que los expedicionarios desembarcaron en San Mateo, y se cercioraron del inmenso descubrimiento, mandaron un barco a Panamá pidiendo auxilios a sus gentes, y remitiendo pliegos para el gobierno, pero no habían tenido la menor noticia, ni era posible que pudiesen esperar con certeza refuerzo ni comunicaciones; era preciso atacar, y la experiencia les aseguraba la victoria. A pesar de lo que dominaban a Almagro el fanatismo y las preocupaciones, su pecho demasiado sensible a la ternura y a la piedad, sentía con más poder las inspiraciones del amor. Dos veces había aparecido el sol en el Oriente después de la batalla y rotas las comunicaciones, ausente de su Coya le era intolerable la existencia. Pizarro aunque feroz y dominado de la ambición también recordaba con dolor los encantos de la hermosa Ocollo, y cual tigre carnicero acechaba la presa para devorarla. El fanático Luque viendo abierto el camino de su eterna salvación en la conversión del Nuevo Mundo, o en hacer espirar entre las llamas a los idólatras que insultaban con su culto del Sol la majestad divina, tranquilo al cielo dirigía sus preces, y era el que con más ardor anhelaba la conquista del imperio.

Cajamalca debía encerrar en sus débiles muros opulentos tesoros; ofrecía comodidades a los conquistadores para esperar refuerzos y rehacerse, y no pudieran pasar a Cuzco, capital del imperio, sin que tomando primero a Cajamalca les sirviese de escala en la conquista. Dos noches habían pasado; el campo de Pizarro permanecía en quietud, y los muros de la ciudad, guarnecidos de guerreros, parecían observar a los enemigos. Sin embargo, los peruanos no hallaban la mayor ventaja en sostener con obstinación Cajamalca, y retiraban a Cuzco aquellas cosas preciosas y monumentos históricos, o quipos que vieran con dolor en manos de sus enemigos; pero el oro y los metales preciosos eran a sus ojos demasiado despreciables para que pensaran en salvarlos.

Las cosas habían llegado al último rompimiento, y uno y otro campo destacaba avanzadas que observasen más de cerca al enemigo. Almagro, aunque impropio en su carácter y graduación, diariamente se prestaba a esta clase de servicios, porque más fácil le fuera ver al menos a su adorada. Al derramar el sol su torrente de luz, al levantar su frente la macilenta luna, el desdichado amante cercano a los muros, buscaba ansioso a su adorada, y sus lánguidos suspiros resonaban hasta en los ámbitos de la ciudad. Ya un día la vislumbró entre los guerreros, allá en los muros, y también Coya reconoció a su Almagro. Sus elocuentes ojos se entendieron, y al espirar el día se habían de hablar en las avanzadas.

Almagro macilento, anhelaba el instante de hablar a su hermosa, pero también tenía justa ira, y sus tristes gemidos. Llegó la hora, Coya salió con la descubierta de la ciudad, y Almagro ya recorría el campo con impaciencia. No tardaron en reconocerse, y un helado pasmo se apoderó de los dos sensibles corazones. Involuntariamente como arrastrados de un impulso irresistible, corrieron después a estrecharse, y en mudo y elocuente silencio se tendían tiernas miradas y desfallecían los angustiados pechos, cuando Coya entre un mar de llanto exclamó inconsolable. -Bárbaro ¿si no naciste para amar, si desconoces la ternura, por qué me has hecho desdichada?

-¡Coya!

-Allá el profundo averno os lanzó de sus cavernas para desolar el imperio. La calma, la sonrisa, la ventura huyeron para siempre de este suelo a la llegada de los venidos del Oriente; si tú no fueras, yo quedara sepultada entre sus ruinas pero nunca gimiera entre tan negros tormentos.

-No despedaces mi corazón, tú lo sabes Coya, yo soy sensible y te adoro.

-Y me adoras, y me juraste salvar al inocente monarca, y el desdichado Inca fue víctima de los hijos del crimen, tus compañeros.

-Mi influencia y tu amor hubiesen sido bastantes para salvarle, pero los batallones peruanos cayeron sobre nuestras tiendas, se encendió el combate, tal vez íbamos a ser arrollados, y la guardia que custodiaba al Inca tuvo que reforzar nuestras líneas. Yo a tu lado, salvándole de los golpes de los aceros, nada supe, ni nada pude evitar.

-Y arrojado entre las llamas, se dieron sus cenizas al viento. Los nobles guerreros, que fatigados o heridos cayeron en vuestro poder, amenazados por un puñal sacrílego abandonaron su Dios, o fueron declarados esclavos, o arrojados a las llamas; pero los vuestros que cedieron a nuestras armas, viven...

-Sí, Coya, tal vez un error, pero yo soy inocente... Créeme, los inexorables destinos han marcado en nuestras armas el término fatal del imperio de los Incas; el Dios de justicia cansado de sufrir el dominio de la idolatría sobre la tierra, ha lanzado el decreto de exterminio; huye de sus ruinas, vente a mi campo, el amor nos prodigará sus mágicos embelesos...

-¡Abandoné a mi benéfico Dios, y aun no basta, y habré de abandonar mi patria, y la virtud! ¡Ah! ¡Cual me decía el corazón que tu amor había de ser un negro meteoro!

-No será un negro meteoro, será el iris de calma y de ventura. Tú adoras a mi Dios, y en eternos lazos nos prodigaremos las caricias.

Sólo por tu seducción abandoné las aras del Dios del día, y desde entonces pálido y opaco a mis ojos, me anuncia su ira, y éste es tu mayor crimen y mi mayor tormento.

-Adorada de tu Almagro, amada de sus compañeros, corre a sus brazos, huye de la ruina con que el cielo amenaza a tu país.

-Yo quedaré sepultada entre sus ruinas, sin ser ingrata a ese Dios que me has hecho adorar; con las armas en la mano moriré por la libertad del Perú.

-Tu bien y mi felicidad lo mandan.

-No, no esperes precipitarme en más crímenes. Por ti abandoné mi

Dios, abandona por mí tus infernales compañeros; los peruanos te recibirán con los brazos abiertos, serás un héroe de la libertad y tu virtud será eterna.

-Y osaste, Coya... jamás, jamás...

Los dos desdichados amantes tiernamente abrazados derramaban abundoso y ardiente lloro. No corras tras la muerte, la decía Almagro; mil rayos van a caer sobre Cajamalca; la ciudad se hundirá en cenizas; huya de la muerte, evita los peligros, no quieras sepultarme en el más amargo desconsuelo.

Siendo inútil la seducción por una y otra parte, conviniendo en el modo de verse en lo sucesivo, Coya volvió a la ciudad y Almagro a su campo.

Pizarro y Luque conocieron que no por más tiempo debieran esperar noticias de Panamá, y quo Cajamalca les opondría bien poca resistencia. Colocaron dos piezas de artillería en una sierra inmediata, y tendiendo cuatrocientos hombres en diferentes posiciones, empezaron a hacer fuego a la ciudad. A pesar de que las piezas sólo fuesen de campaña; las murallas y edificios eran tan débiles, que causaban los mayores estragos, y en un día de fuego abrieron brecha. Los peruanos desconocían la táctica de sostener un sitio, sus armas eran impotentes a tiro de cañón, y en vano hubiese sido su esfuerzo. Huascar valeroso corría los muros y la ciudad y animaba al ejército; pero salidas contra el enemigo serían ineficaces, y de caro precio, según les demostró la experiencia al querer salvar al Inca, y sostener a Cajamalca no era de la mayor importancia. Una retirada honrosa, que salvase al ejército para fortificar a Cuzco, y batirse hasta la muerte, sería lo más ventajoso al imperio, y el jefe y el senado dispusieron la retirada para la mitad de la noche.

Pizarro con poca gente, no podía atender a cubrir todos los puntos, pero sin embargo tenía avanzadas que observasen los caminos. Se preparaba a dar el asalto al día siguiente, cuando en la noche tuvo aviso de que el numeroso ejército se retiraba por la calzada de Cuzco. Intentar derrotarle de nuevo pudiera comprometer su corta división, no sabiendo si fuerzas que permaneciesen en la ciudad le atacarían por retaguardia, y no entraba en sus intereses empeñar un choque obstinado. Todo le decidió a esperar el nuevo día, y cuando ya el sol doraba las cumbres, mandó avanzadas que viesen sí la brecha estaba practicable, y que observasen el movimiento de la ciudad. Un sepulcral silencio reinaba en los muros y en los ámbitos del pueblo, y no cabía duda que el ejército y los habitantes habían abandonado sus lares a discreción del enemigo. Pizarro avanzó con su columna, y sin el menor entorpecimiento, sin que viera vibrar un arco, ni amenazar una débil lanza, saltó la brecha, ocupó los muros, se derramó por las plazas y calles, y enarboló en Cajamalca el triunfante pendón de Castilla.

15
SERVIDUMBRE

Ciertos los vencedores de que ocultas fuerzas no les amenazaban, y seguros de su victoria, la ciudad se dio al saqueo, y los invasores cometieron todos los crímenes propios de la guerra. Los inocentes habitantes de Cajamalca atropellados cruelmente, se vieron hasta arrebatar los adornos de oro que los cubrían; muchos fueron víctimas de la ferocidad; tiernas vírgenes perdieron su tesoro, el casto esposo miró violada la esposa, y el llanto y los gemidos resonaban por los ámbitos de la ciudad.

El amor que Ocollo había inspirado a Pizarro no era una pasajera ráfaga, era un fuego inextinguible que atormentaba su corazón y despedazaba su pecho. Conociendo el amor que tenía al Inca creyó que no sobreviviese a la noticia de su muerte, y ansioso preguntaba a los habitantes por la que arrebataba su contento; y cuando supo con certeza que huía con el ejército, feroz sonrisa brillaba en sus ojos, alentado por la esperanza de poderla algún día estrechar entre sus brazos, y saciar sus lividinosos deseos; pero los recuerdos del amor no endulzaban su alma, y en vano los desgraciados imploraban su piedad.

Vericochas marchó también con el ejército, no porque temiera ser víctima de sus creencias en el templo, sino porque Huascar le obligó a salvarse por no perder tan inapreciable tesoro; pero nada se sacó del santuario, porque las cosas sagradas entre los peruanos eran tan respetadas, tan inmunes que no podían concebir que la ferocidad de sus enemigos llegase a hollarlas. Después de seis horas de furor y de saqueo, Pizarro tocó llamada y cesaron los estragos sin que el templo del Sol se hubiese allanado para arrebatar sus adornos.

Aun teñidos en la sangre de los inocentes, cargados de los tesoros que habían arrebatado, formaron los aventureros al sonido de las cajas, y el fanático Luque levantó en su diestra la cruz y se dirigió a sus compatriotas. -Este signo de victoria, clamaba, arruinó los muros y os abrió las puertas de la ciudad; largas horas habéis tenido para procuraros el precio de vuestras fatigas, algunos momentos habrán de dedicarse a dar gracias al Señor, y a bendecir su misericordia, dijo, y descalzándose, y llevando en los hombros una larga y pesada cruz, se dirigió hacia el templo del Sol, y mandó romper sus puertas. Admirados quedaron los vencedores al ver tanta magnificencia y tanto oro, y Luque en medio del común pasmo, clavó sus centellantes miradas en el símbolo del Sol, y en las efigies de los justos que rodeaban a la deidad del Perú.

«Sí cristianos, exclamó encendido, sin haber aun dejado la cruz que agobiaba su hombro, ahí tenéis los bárbaros ídolos de este condenado imperio; en que os detenéis, arruinad esa pompa de Satanás!»

Para actos religiosos los aventureros dejaban de ser soldados y de esperar las órdenes de Pizarro, eran sólo fanáticos que escuchaban la voz de un sacerdote antropófago. Cual lobos hambrientos, mal heridos tigres, se lanzaron sobre las inocentes efigies, las arruinaron y despedazaron, y arrastraron con algazara por el templo. Entonces Luque enarboló la enseña de Sión, cesó el destrozo impío, murmuró exorcismos brotando fuego por los ojos para ahuyentar a Satanás de aquel recinto, y se cantó un solemne Tedeum dando gracias al Señor de las victorias.

Aunque los aterrados habitantes de Cajamalca habían buscado asilo en los más recónditos puntos, bien pronto se extendió por la ciudad el sacrilegio cometido en el templo, y los Peruanos se estremecían con espanto al ver profanados tan nefandamente sus dioses, y en sus venas ardía el espíritu de la venganza y sus corazones sentían un valor superior a todos los peligros. ¡Cuan cierto es que el vencedor que no respeta las preocupaciones de los pueblos, algún día se verá vencido! Los Peruanos miraban la ruina de su libertad y de sus leyes, miraban arrebatar sus tesoros, violar sus vírgenes, derramar la sangre de sus hijos, y sufrían en silencio pavoroso; pero al ver profanados sus templos y arrastrados sus dioses, estalló su indignación y su venganza. Aun cantando el Tedeum los vencedores, fueron acometidos en el templo por los pocos robustos habitantes que habían quedado en la ciudad, y creyéndolo una sorpresa, se aterraron y muchos fueron víctimas del furor de los vencidos. Rehechos al fin, los Peruanos fueron sacrificados en el templo, y el fanatismo religioso encendió los ánimos para una guerra de muerte.

Luque clamando la matanza dio a Satanás después las almas de los vencidos, y cien días de indulgencias a cada soldado. Esos bárbaros, exclamaba, arrastrados del demonio, que ve acabar su poder en este imperio, han querido profanar la santidad de nuestra fiesta; en la muerte y en los eternos tormentos han encontrado su digno castigo. No haya piedad, cristianos, los idólatras no conocen el arrepentimiento y la misericordia; «el que no reciba las aguas del bautismo sea quemado en nombre de Dios.» Al fulminar la sentencia parecía estremecerse todo el imperio.

En tanto Pizarro, no era más que un cristiano que escuchaba humillado la voz del sacerdote, y temblara al pronunciar un anatema. Postrado ante la cruz daba el ejemplo de obediencia a sus soldados, y en su pecho combatía la ambición, la sed de sangre, su amor desesperado, y el deseo ardiente de la bienaventuranza eterna. Almagro, postrado también a su siniestra, mostraba en su semblante las marcas del fanatismo; pero nacido sensible, y con razón más robusta que Pizarro, su corazón desaprobaba la conducta de sus compañeros, y duda que un Dios de paz mirase con placer correr la sangre de víctimas inocentes. El amor de Coya y la conducta de sus compañeros, tan contraria a sus sentimientos, cada día le desunía más y más de los intereses de sus hermanos, y la guerra civil estaba muy próxima a estallar en el campo de los vencedores.

Luque infatigable en el proselitismo e implacable su sed de sangre cuando se trataba de la idolatría, subió al púlpito en el templo, predicó largamente a los aventureros los misterios cristianos, les recordó la pasión de Jesucristo, sentó como principio fundamental de fe, que ni aun pecado venial era dar muerte a un idólatra; y que si no recibían los indios las aguas del bautismo y hacían la profesión de fe, que era un eficaz medio de conseguir la salvación eterna, entregarlos a las llamas para acabar con la estirpe del demonio en la tierra. Verdad es que los conquistadores del Nuevo Mundo eran en lo general aventureros desmoralizados que corrían a la muerte surcando los mares por saciar su ambición, pero eran al fin hombres del siglo XVI que humildes se postraban al hablar el sacerdote, y que callaban sus pasiones si hablaba el furor del mal entendido cristianismo: Luque exhortaba en nombre de Dios, y Luque todo poderoso dominaba los corazones y encendía las iras.

Allí en el mismo templo se promulgó en seguida el decreto de tres siglos de guerra desastrosa, el decreto de ignominia, que en un día haría correr la sangre de un mundo al otro. «Todos los Peruanos, decía la ley fijada en tablas, recibirán los aguas del bautismo y serán esclavos del Rey del oriente; pero si impíos se obstinan en la idolatría, serán arrojados a las llamas, y dadas sus almas al demonio.» ¡Ah inocente América! Oh siglo XVI, baldón de las remotas generaciones!

La ley se publicó en las calles y plazas, y la ciudad temblaba y se estremecía el imperio. Los desdichados habitantes despojados de sus riquezas, llorando el esposo a la esposa, la adorada a su adorado, tal vez el anciano herido, las vírgenes violadas, todos oprimidos del inhumano dolor de ver profanado su templo y arruinados sus altares, en helado pasmo escuchaban la ley impía. El débil anciano quería ser mártir de sus dulces creencias, el robusto mancebo ofrecía su sangre y su vigor a la deidad benéfica, la virgen y la esposa lloraban su viudez y se arrojaban a los pies de los esposos; todo era desconsuelo; la negra servidumbre era el premio de la apostasía; las hogueras inquisitoriales el fin de sus inocentes creencias.

Insensibles Luque y Pizarro a tanto dolor y a tanto gemido, comenzaron la ejecución del bárbaro decreto. Los infelices que fueron aprendidos tuvieron que hacer la profesión de fe, o expiraron entre las llamas; todos se vieron obligados a presentarse en el templo a renegar de la religión de sus mayores, o a huir a las selvas escabrosas, y librarse del furor de sus enemigas. Almagro lejano de su Coya, tal vez temiendo haber perdido su amor y sin esperanzas de volverla a estrechar entre sus brazos, aunque sepultado en un insensible hielo, no podía tolerar las atrocidades con que se insultaba al cristianismo, y se vilipendiaba la dignidad del hombre. «Persuade, decía a Luque, a estos inocentes habitantes con la elocuencia que te inspire Jesús, sácalos de la idolatría, pero el puñal no hace cristianos.» Todo era en vano; Satanás, decía el sacerdote, puede más que la clemencia, y Pizarro defendía la esclavitud de los indios, ya porque apenas los creía hombres, ya porque si no les cargaba de cadenas, volverían fácilmente sus brazos a la venganza.

Al desembarcar en el Nuevo Mundo, como más bien venía Pizarro a descubrir regiones que a conquistar imperios, y como los fondos de la compañía eran demasiado cortos, después de los cuantiosos gastos hechos en las primeras incursiones, traía la expedición bien pocos pertrechos de guerra, y sobre todo tenía grande escasez de pólvora y de proyectiles. Entre los invasores había hombres de conocimientos suficientes para la elaboración de la pólvora, y fabricación y fundición de los metales, y reconociendo las montañas que rodeaban a Cajamalca, hallaron las salinas y minerales que pudieran desear en la mayor abundancia. Millares de desgraciados fueron arrastrados a la explotación de las minas, y perecieron al vigor de un continuo trabajo, para ellos desconocido, o cayeron sofocados en las simas de las hondas excavaciones. Sacaban las primeras materias de las entrañas de la tierra, y después los europeos las fundían y elaboraban por sí solos, para que sus esclavos no aprendiesen a fabricar armas destructoras. ¡Los infelices Peruanos labraban sus mismas cadenas!

Las riquezas que en sus cavernas ocultaban las montañas, no se limitaban a salinas y comunes metales; en las excavaciones hallaron también vetas de oro y plata, que encendieron la ambición de los vencedores, y condenaron a muerte a un millón de Indios. A pesar de la abundancia de oro que tenían los americanos, desconocían el arte de la explotación, y jamás tomaban de las montañas y de las corrientes otros metales que los que la naturaleza pródigamente arrojaba de su seno, y aunque las que rodeaban a Cajamalca no eran las fértiles del Nuevo Mundo, no dejaban de abundar en tesoros, que bien pronto se mostraban al sudor que los Indios derramaban en las excavaciones, bajo la dura dirección de sus vencedores.

Sacadas grandes cantidades de sales y de azufres, fabricaron gran cantidad de pólvora, fundieron innumerables proyectiles en que se afianzaba la conquista del imperio, y labraron gruesas cadenas en que más fácilmente pudiesen asegurar los inocentes esclavos, que tenían en su semblante las marcas de la desesperación al verse morir de miseria, y agobiados con un trabajo que les era irresistible.

Todos los habitantes de Cajamalca y de la campiña, que recibieron las aguas del bautismo, fueron condenados a las excavaciones de las minas, y los que no quisieron renegar de sus creencias huyeron a las montañas, o se salvaron en Cuzco de sus perseguidores. A los infelices braceros apenas se les señaló de jornal lo indispensable para el sustento, y los vencedores con espada en mamo, cuidaban de activar el trabajo, y tenían derecho de herir y de matar al que creyesen perezoso. Tan cruel despotismo llevaba a los desgraciados Peruanos hasta la desesperación, y más de una vez se sintieron sublevaciones parciales, que siempre fueron sofocadas con atroces degüellos. Para evitar hasta el menor peligro, y teniendo abundancia de minerales, se emparejaron los trabajadores con gruesas cadenas, que al tiempo que dejaban libres sus brazos para el trabajo, abrumaban sus cuerpos y los imposibilitaban de acometer y de defenderse. Aquellos infelices regaban con lágrimas de dolor los tesoros que maldecían.

Por algún tiempo Pizarro fue el señor de todos los esclavos en nombre del rey de España, y trabajaban en las minas públicas y eran pagados del tesoro. Pero ya su liberalidad para sostener su prestigio, y la ambición aun no saciada de los aventureros, hicieron que los esclavos pasasen a dominio particular por donaciones o por compras. El señor tenía el derecho de vida y muerte en todas las sucesiones, y se procuraba la regeneración de los esclavos con la misma actividad, los mismos medios y los mismos fines que los de otros cualesquiera animales domésticos que aumentaban el patrimonio del señor. ¡En tan monstruosa política no pudiera cimentarse la conquista de un imperio! Y aun subsisten en nuestros dominios de Asia y América en el siglo XIX palpitantes huellas de esa inhumana servidumbre.

16
REFUERZO

Aunque cargada de laureles y de tesoros la división invasora, se hallaba empero en las más criticas circunstancias, y la conquista del Perú pudiera aun escaparse de entre sus manos. Sólo 500 aventureros habían desembarcado en San Mateo al mando de Pizarro, y los diferentes climas, y los encarnizados combates habían producido bajas de consideración entre tan cortas fuerzas. Abrumados de tesoros, habían llenado ya su ambición en general, y a no ser los jefes, ambiciosos también de gloria, todos deseaban volver a su patria y al seno de sus familias a gozar del fruto de sus peligros y de su intrepidez. Almagro por parte siempre opuesto al despotismo de Luque y de Pizarro, tenía también secuaces en el campo, y la guerra civil amenazaba más horrores que la conquista del imperio.

Tan difíciles circunstancias no se ocultaban a Luque y Pizarro que por todos los medios imaginables procuraban sostener la ambición y el entusiasmo, pero sus esfuerzos no siempre tenían los resultados más felices. Al mismo tiempo Huascar había marchado a Cuzco con un ejército poderoso, y nuevos levantamientos de tropas hacían de día en día más respetable la conquista del imperio, por fecunda que fuese en victorias la sangre de los españoles. Pizarro con tan débiles fuerzas, si ya tenía abandonados los puntos de San Mateo y demás puertos o pueblos de la costa, no pudiera también dejar sin fuerza alguna la ciudad de Cajamalca, porque exasperados los habitantes volarían a las armas, se perdiera el fruto de sus victorias, y en caso de una derrota, no tendría un punto en que salvarse. Retirarse de Cajamalca aunque cargado de tesoros y reembarcarse para Panamá, daría muy poco honor a sus nombres, y menos lustre a las gloriosas armas españolas.

Almagro devorado de un fuego abrasador por Coya, no podía tampoco sufrir la idea de reembarcarse sin estrechar eternamente entre sus brazos a la hermosa que habiendo recibido las aguas del bautismo, nada pudiera oponerse a tan dulce himeneo. Pizarro, violento, feroz en sus pasiones, si no conocía la ternura, la dulcísima melancolía de las inspiraciones del amor, sentía una viva pasión por Ocollo, que atizada por el orgullo de conquistador, no le permitía desistir de la idea de lanzarse sobre su víctima y devorarla. Luque, que en medio de sus fanáticos delirios cifraba su salvación eterna en la conversión a la fe de los adoradores del Sol, antes prefiriera la muerte, que arriesgar su salvación abandonando la conquista del imperio.

Los aventureros, que se veían rodeados de peligros y de sepulcros, cuando tenían satisfecha su ambición, comenzaron a levantar la voz con energía para volver a Panamá, y ni Luque ni Pizarro podían hacerles tomar las armas sino para la propia defensa. La guerra ofensiva parecía haber llegado a su término, y la vida de los jefes peligró mil veces, sin que Pizarro pudiera castigar a los sediciosos. Largos días permaneció la división en Cajamalca en tan violento estado, sin que nada supiesen de la colonia, y meénos de la Metrópoli. Ni un solo español había quedado entre San Mateo, Tumbez y Cajamalca, para estar a la vista de los desembarcaderos, y guarnecer el largo camino; los Peruanos, vencidos, aun no estaban domados y difícil fuera que los invasores recibieran auxilios, y todo el valer de Pizarro y todo el fanatismo de Luque, podía apenas contener a sus aventureros.

En tan amargo estado, el sol tocaba la mitad del cielo en un sereno día, cuando Pizarro y Luque vieron brillar a lo lejos resplandor de cotas y de armas. Tal vez creyeron que ya disciplinados y armados sus enemigos, les provocaban a las armas, ¡pero cual fue su sorpresa al ver que eran españoles, que eran sus hermanos, que volaban a su ayuda! Fernando, hermano del gobernador, del jefe de los aventureros, conducía de Panamá, de Guatemala y de Nicaragua 800 aventureros sedientos de los tesoros del Perú.

Pizarro cuando descubrió el Perú, corrió sus costas, y se posesionó de Tumbez, mandó a su hermano a Panamá encargado de extender por todas partes las gratas nuevas que daban a la ambición un porvenir venturoso, y en los pliegos que remitía al gobierno, las riquezas se exageraban hasta lo infinito, y las colonias y la Metrópoli debían de ponerse en movimiento. Así fue en efecto; en cuanto se publicaron en Panamá los partes de Pizarro, y se extendió la nueva a las islas inmediatas, centenares de aventureros corrían a alistarse en las banderas de sus agentes; y los capitalistas adelantaban presurosos cuantiosas sumas para su equipo, seguros de ser reintegrados con ventaja. En breve tiempo pudo darse Fernando a la vela con una fuerza, en aquel tiempo respetable, y así sólo pudiera asegurarse conquista ya vacilante, en la falta de recursos que sufrían los invasores.

Difícil fuera pintar con sus propios coloridos aquel placer y aquella sorpresa que Luque y Pizarro marcaron en sus semblantes al verse reforzados con 800 combatientes. Por muchas horas duraron los no interrumpidos abrazos y sollozos, Luque levantaba las manos al cielo y bendecía su misericordia. Lejos de Pizarro la idea del temor cuando sólo con Luque meditaba sus críticas circunstancias, era demasiado intrépido, de valor bastante para no temer la muerte en medio de su arrojo, pero su muerte sería infructífera, y aumentara la osadía de sus enemigos. Si a Luque consolaba la idea de haber predicado ya el Evangelio en el Nuevo Mundo, y haber hecho centenares de neófitos, le despedazaba también la idea de no poder acabar de arrojar a Satanás del dilatado imperio. Almagro mismo, Almagro que mezclaba su llanto con el llanto de los desdichados vencidos, celebró igualmente con entusiasmo la llegada de Fernando, porque alimentaba sus esperanzas de volver a mirar a su hermosa Coya.

Si bien Fernando había penetrado con Pizarro hacia Tumbez, nada sabía de lo interior del imperio, y guiado por las noticias que los aterrados Peruanos le suministraban en las travesías, sufriendo mil privaciones y penalidades, pudo sólo llegar a Cajamalca llevado del estruendo que seguía a los movimientos de la división de Pizarro. El relato de tan complicadas y difíciles aventuras llenó a los españoles por muchas horas, así como la descripción de los combates, de las victorias de los inmensos tesoros y ruinas del imperio.

Fernando no era más que un simple conductor de las fuerzas, y en cuanto llegó a Cajamalca las entregó a Pizarro, como jefe de la conquista y gobernador de las tierras que descubriese y conquistase; Almagro era su lugarteniente, y Luque el vicario general de todo el imperio, según los superiores nombramientos de la Metrópoli.

En cuanto Pizarro se vio con un refuerzo que triplicaba las fuerzas que tenía, pensó en marchar sobre Cuzco, y acabar de un golpe la conquista del Perú. Los nuevos aventureros que habían reforzado sus líneas, si bien bisoños, y no aclimatados en el Nuevo Mundo, debieran inspirarle una confianza completa; sedientos de tesoros, fanáticos, inhumanos, todo les guiaba a la victoria, y todo los hacía dignos, campeones de Luque y de Pizarro. A pesar del rigor de la disciplina, por las razones ya indicadas, había una completa insubordinación entre los vencedores de Cajamalca, y Pizarro conoció que no le era ventajoso tener en su división soldados que no le inspirasen confianza, y que introdujesen la discordia, y publicó un bando inmediatamente para que pudiera, el que gustase, regresar a su patria en los buques que surtían en San Mateo. Así, no sólo conseguía que le siguiesen hombres decididos sino también que marchasen los aventureros a sus países, cargados de oro, la ambición concitara guerreros al Nuevo Mundo, que consolidasen más su conquista.

Doscientos hombres pidieron su licencia y marcharon a Tumbez y a San Mateo; y aun quedaron en campaña otros doscientos, que con los ochocientos que condujo Fernando formaban según el osado jefe la fuerza bastante para marchar sobre Cuzco. Preciso era dejar alguna fuerza en Cajamalca y extenderla hasta la conquista para asegurar las comunicaciones de la Metrópoli y las colonias, y asegurar a los desgraciados en las excavaciones de las minas. Cien hombres guarnecieron a Cajamalca, y otros ciento se extendieron a Tumbez y a la costa, quedando a Pizarro 800 que habían de formar el ejército o división de operaciones.

En breves días se activaron los preparativos, y provisiones, y la osada división estaba pronta a marchar sobre la capital del poderoso imperio. En las bruñidas cotas y refulgentes lanzas, brillaba el esplendor del magnífico trono de Carlos 5º y en las rugosas y melancólicas frentes se destacaba el terror del fanatismo religioso del siglo XVI con sus negros caracteres.

17
CUZCO

El campo de Cajamalca abundante en provisiones de primera necesidad, proporcionó a la división expedicionaria todos los recursos necesarios, y ricas en minerales las montañas que la rodeaba, les habían también suministrado salitres y proyectiles suficientes para pensar en grandes empresas. Cuatro mil desgraciados esclavos que gemían bajo las imperiosas órdenes de Pizarro, servirían de acémilas para los transportes, y la división expedicionaria tendría toda la movilidad que el activo conquistador y las necesidades del momento reclamaran. El valiente capitán Manuel Ojeda quedó encargado del mando de la ciudad con cien veteranos soldados que la guarnecían; y oficiales subalternos, dependientes de sus órdenes, mandarían los destacamentos que se extendieran por Tumbez y San Mateo, para tener protegida la retaguardia, facilitar los desembarcos, y asegurar las comunicaciones con las colonias y la Metrópoli, y así los denodados aventureros rompieron su movimiento sobre Cuzco con estruendo y algazara, no cual si marcharan al combate, sino cual si entonaran ya la victoria entre los despojos del botín.

El ejército peruano al mando de Huascar, reconocido universalmente por sucesor del Inca y jefe del imperio, había entrado en Cuzco, donde reforzado con nuevos levantamientos de tropas, subía a una fuerza de setenta mil hombres completamente equipados según su modo de hacer la guerra. Nada ignoraban de las violencias cometidas por los invasores en Cajamalca, sabían las víctimas que inmolaban en las excavaciones y explotaciones de las minas y conducción de los transportes; sabían la inicua ley que los condenaba a renegar de sus dulces creencias y a la esclavitud, o a morir entre las llamas, y todo el ejército, animado por el valiente Huascar, estaba decidido a morir en el campo de batalla, o hundirse entre los escombros del Cuzco, antes que ser esclavos de los venidos del Oriente. Un respetable congreso de ancianos contribuía con su consejo al régimen del imperio; y Vericochas hablando en nombre del Sol a los Peruanos, con el lenguaje de los Dioses, no con el de la muerte y el exterminio, encendía dulcemente los ánimos para ser victimas gloriosas, antes que ingratos a los beneficios del astro luminoso.

Ocollo inconsolable lloraba a su adorado Inca; sus virtudes y su pura castidad la merecieron el respeto y la admiración de Huascar, de Vericochas y del senado; y en los actos religiosos era la primera que juraba ante las aras del Sol, morir por la religión y la libertad de su patria, y al recordar el libidinoso amor que Pizarro la declaró en los angustiados momentos, se conturbaba su corazón y se horrorizaba su alma. Coya llena de fuego, abrasada de amor por Almagro, sólo hallaba consuelo cebándose en su mismo dolor. Almagro era su alentar y sus delicias, había conocido la simpatía de sus almas, y Coya era la víctima más triste del amor. Había renegado de sus creencias y hecho la protestación de fe a un Dios que no conocía, pero que adoraba por ser el Dios de su Almagro. La sombra de su patria conturbaba sus sueños, la sombra de su adorado la despedazaba el corazón.

Tal era la posición de los héroes del imperio; todos gemían, y su llanto era estéril a su patria. Huascar valiente, osado, sensible, de conocimientos muy superiores a los de sus compatriotas, era el ídolo del ejército y del senado, y obraba con la mayor actividad para prepararse a la guerra; sin embargo conocía la superioridad de las armas de los venidos del Oriente, y dudaba de la victoria. Sus primeros cuidados fueron espiar a sus enemigos y saber con anticipación sus movimientos, y supo la llegada de las nuevas fuerzas, y la marcha de Pizarro sobre Cuzco. Aunque los peruanos ya muy lejos de creer que los invasores fuesen hijos del Sol, ni deidades, se desanimaron al saber que recibían refuerzos, suponían ya un plan muy combinado, y matar a cincuenta o sesenta de sus opresores, había costado más de quince o veinte mil víctimas al imperio de todos rangos y distinciones; pero siempre nobles y humanos conservaban la vida de un corto número de prisioneros que tenían en su poder. La fuerza moral de los ejércitos tal vez estaba nivelada, la ambición de los invasores y su negro fanatismo decretaban el exterminio de los peruanos; la religión y la libertad del imperio reclamaban la sangre de los invasores.

Veinte jornadas distaba Cuzco de Cajamalca, y había desfiladeros y montañas que guarnecidas de cortas fuerzas peruanas no dejaron de causar embarazos a la división expedicionaria; pero en estas ligeras escaramuzas siempre fueron vencedores los europeos, aunque sufrieron empero algunas pérdidas y admiraron de nuevo el heroico valor y la bravura selvática de los Peruanos. Todos los días se les ofrecían ejemplos de guerreros que imitando a los griegos de las Termópilas, corrían a una segura muerte, ya para salvar a sus compañeros, ya para hallar en el sepulcro un asilo inviolable a su libertad y religión. Pizarro y los suyos denodados arrollaban a sus enemigos, y se preparaban a nuevas victorias; el valor de los castellanos en el siglo XVI era la admiración de la Europa; el Nuevo Mundo la cuna de héroes y el trono de los Godos una encumbrada montaña que desdeñando la tierra se ocultaba entre el cielo.

Después de mil fatigas la división española dio vista a Cuzco y se estremeció el senado, el ejército y el pueblo. Públicas eran la escenas de Cajamalca; Cuzco la capital del imperio, era el último suspiro de su libertad y de su culto, el sepulcro se entreabría bajo los pies de los guerreros, y el sonido de las roncas cadenas aterraba al infante y al anciano. ¡Oh malditos tesoros! más valiera que naturaleza os hubiera lanzado en las simas de los cavernosos mares, y la tierra no se empapara en sangre de inocentes!

Cuando Almagro descubrió los muros de Cuzco, una dulce sonrisa brilló en sus mejillas, y una halagüeña melancolía se fijó en sus miradas; allí estaba su hermosa Coya, sus delicias y su tormento. El bien de su patria mandaba la conquista del imperio, sus sentimientos religiosos, la destrucción de las aras del Sol; Coya adoraba al Dios verdadero, pero Coya amaba ardientemente a su patria, y su amor sería un lúgubre fantasma que atormentara su existencia, en cuanto no fuese una sola la patria de los dos amantes. En las escaramuzas del camino se habían cogido muchos prisioneros Peruanos, a todos preguntaba Almagro por su adorada, y todos le respondían derramando un copioso llanto, «Coya es descendiente de los Incas, es hija del Sol, su patria es su ídolo, y morir por su patria son todas sus delicias.»

Coya si en un momento de ternura, de arrebato, víctima del amor, abandonó su culto, con copioso llanto había purgado su perjurio y vender a su patria no sería su segundo crimen.

La división española teniendo que arrostrar muchos combates y habiendo marchado con rapidez, tomó algunos días de descanso a vista de Cuzco, para rehacerse de sus fatigas y para observar la política de los sitiados. A Cajamalca llegaron los españoles como amigos, y unas cómodas tiendas abastecidas de víveres, y una campiña coronada de frutos, les ofrecieron cómodo descanso y abundante sustento; a la llegada a Cuzco sólo hallaron cerradas selvas que les proporcionaran abrigo, y robustos troncos para atizar las hogueras; pero la campiña estaba desolada, y Pizarro halló no pocos embarazos para proporcionarse víveres, porque todo lo habían arrastrado los Peruanos dentro de los muros.

Si con su sola división de 800 hombres hubiera atendido a todo, hallara aun mayores obstáculos, pero cuatro mil esclavos le condujeron los transportes de Cajamalca, y escoltados de algunos castellanos, corrían las campiñas del Cuzco y conducían víveres de largas distancias. Estos desgraciados, que huyendo de la muerte, sin haber abandonado su corazón el culto del Sol, recibieron las aguas del bautismo, transportaban cada uno cinco arrobas, peso muy superior a las fuerzas de un peruano, y a centenares caían en los caminas, abrumados y sofocados de sus cargas, o desfallecían entre sudores por falta de alimentos. Los invasores faltos de caballos y persuadidos por la experiencia del terror y los estragos que ocasionaba la caballería en sus enemigos, hasta los caballos de tiro de la artillería los habían montado, y los esclavos arrastraban los cañones, que tronaban contra sus hermanos. En los terrenos quebrados y en las refriegas, el inexorable látigo del señor estaba siempre levantado, y el infeliz que caía era atropellado y despedazado, y con la velocidad del rayo se reemplazaba por otro más desgraciado que aun vivía para sufrir. A pesar de ser los esclavos un número quíntuplo que los invasores, no las era posible sublevarse contra sus señores. Un grueso cuerpo de reserva cuidaba de sujetar la multitud, y al menor síntoma de desobediencia se ponía a tormento al que se llamaba reo, y la sangre de cien inocentes corría para terror de sus compañeros.

Tendida la división por las amenas vegas del Cuzco, se preparaba a la toma de la ciudad y a la ruina del imperio. El ejército peruano no cabía dentro de los muros, y poderosos cuerpos vagaban por la comarca, ya sosteniendo las comunicaciones de la capital, ya presentando formidables amenazas a los enemigos. Todos los días se trababan escaramuzas más o menos considerables, pero nunca se aventuraban choques decisivos, porque uno y otro ejército los evitaba observándose mutuamente. Los invasores conocían su corto número, y los peruanos temían los efectos de las armas europeas; mas Pizarro siempre intrépido y fogoso, siempre un torrente irresistible, arrastraba tras sí el carro de la victoria, y cada día aumentaba una hoja a su corona de laureles.

¡Oh si hubiese sido sensible!...

Almagro que no veía a su Coya, detestaba su existencia, y el sol no brillaba fúlgido a sus ojos. Algún tanto más unido con sus compañeros, inspirándoles siempre la dulzura, les habló al fin un día con un lenguaje propio a su carácter. -Tal vez para conquistar el Nuevo Mundo no será necesario enrojecerle en sangre; la dulzura, la admiración y la persuasión nos darán más segura victoria. -No, reponía Pizarro, sólo en la destrucción puede cimentarse la conquista del imperio. -Los idólatras, añadía Luque, sólo en las hogueras abjuran de sus ídolos: Jesucristo y Satanás no transigen.

Almagro elocuente, ya llevado de los impulsos de su corazón, ya arrebatado del deseo ardiente de ver y hablar a su Coya, les hizo conocer los caprichos de la fortuna en la guerra, lo precioso de cada gota de sangre castellana que se derramase, y al fin los redujo a que él se encargara de un mensaje a la ciudad en que se les ofreciesen condiciones para ser tributarios del rey de España, y abrazar el cristianismo; y al menos una vez en el siglo XVI prevaleció la voz de la razón y de la humanidad sobre el furor del fanatismo.

18

MENSAJE

*H*uascar elocuente y animado de todas las virtudes, no sólo daba ejemplo a sus guerreros de despreciar los peligros, sino que también a cada instante los arengaba con entusiasmo sobre los encantos de la libertad, y les pintaba el rugido de las poderosas cadenas que amarrarían sus brazos, si se dejasen vencer de los venidos del Oriente. Vericochas en el templo inspirado de la gratitud, pregonaba los infinitos dones que el padre del día derramaba sobre la tierra, lo obligados que estaban los hombres a su culto, y el horroroso perjurio, el negro crimen que sería abandonar el culto de sus mayores, el culto de la razón, por el Dios de unos hombres insensibles, que no arrastraban el ejercicio de sus creencias sino con el puñal y las hogueras.

Enardecidas las almas, los Peruanos se arrojaban valientes a la muerte, y el valor de los españoles se veía mil veces comprometido. Pero los castellanos eran la admiración de la Europa en el siglo XVI, su impavidez les había dado el imperio de dos mundos; Pizarro era tan arrojado como halagado de la suerte, y al rigor de sus armas matadoras cedían los numerosos ejércitos del imperio. La sangre de los infelices enrojecía las amenas campiñas de Cuzco, los cimientos de la ciudad ya retemblaban al estampido del cañón, cuando presentando bandera blanca ante los muros, hizo señal Almagro a los sitiados que se celebrarían acomodos amistosos.

Difícil era la posición de los ejércitos, unos y otros apenas tenían mas elección que la muerte o la victoria, no sólo era guerra política, era también guerra religiosa, y la lúgubre historia de las preocupaciones y del fanatismo, ha teñido de sangre las páginas de la historia, más que las sucesiones de los tronos, y la ambición de los reyes. Ventajoso fuera el acomodo a unas y a otros combatientes, pero no entraba en lo posible conciliar los intereses mutuos; la usurpación y la libertad, el fanatismo y la tolerancia, no tienen punto alguno de contacto. Al fin Huascar y el consejo resolvieron permitir la entrada a Almagro que acompañado de dos caballeros se había acercado a los muros.

A pesar de cuanto Coya disimulaba el fuego que ardía en su pecho, su amor era conocido de los magnates del imperio, pero los Peruanos tolerantes y seguros de las virtudes de la heroína, jamás vituperaron su conducta, ni dudaron de su fidelidad y de su amor a su patria. Al contrario Coya, que fijaba sus delicias en repetir el nombre de Almagro, a todos contaba sus virtudes, a todos aseguraba que no podía ser de la raza de los venidos del Oriente, y el nombre de Almagro no se miraba con odio entre las victimas de los vencedores. Cuando Coya vio que era el conductor de la embajada, cuando vio cercano el momento de hablar de nuevo a su adorado, aseguró que presentía un feliz porvenir que le decía su corazón que cesarían los horrores y renacería la calma y la ventura.

Coya precipitada corrió a la puerta, y los dos sensibles amantes enmudecieron en un éxtasis profundo. Aquellos resentimientos de la muerte de Atahulpa, volaron de la mente de la hija del Sol, y sólo la ternura inspiraba las almas. ¡A cuán caro precio vende el amor sus delicias a los sensibles pechos! Un llanto involuntario corría por las mejillas de los dos amantes, y sus lágrimas parecían maldecir el rigor de su suerte, pero Coya al lado de su ídolo le repetía entre sollozos. «Una dulce mirada de amor recompensa un siglo de tormentos.»

Los Peruanos conocían muy bien los nombres de los españoles, y sobre todo los de los tres jefes de la expedición; y el de Almagro era querido en el imperio, porque eran conocidas sus virtudes: ya a un esclavo le dio libertad desprendiéndole de la dura argolla, ya salvó de la muerte a un desdichado esposo, ya socorrió las aflicciones de los vencidos, y todos respirando gratitud habían publicado en Cajamalca, en Cuzco, y en el ejército, su beneficencia y su piedad. Un pueblo inmenso, ensangrentado, con las marcas de la agonía en su semblante, rodeaba al guerrero por las plazas y calles en un funeral silencio; y el consejo y el emperador reunidos en el foro esperaban con impaciencia al mensajero.

Preciados mármoles y pórfidos cubrían el pavimento del salón espacioso, planchas de oro y plata sencillamente dispuestas sostenían la techumbre, y vistosas plumas de mil colores guarnecían los espacios con delicado artificio. Conducido allí Almagro reinaba un silencio sepulcral en la asamblea y en el inmenso auditorio, cuando Huascar se levantó de la silla de la presidencia y exclamó con tranquilo acento. -Guerrero, los Peruanos saben sepultarse entre las ruinas de su patria antes que ceder con ignominia; habla si traes paces decorosas; si no marcha, y di a los tuyos que abran nuestros sepulcros. «Un sordo murmullo de aprobación conmovía la asamblea, y Almagro prorrumpió elocuente. -No, inocentes Peruanos, los venidos del Oriente no gustan de sangre y de exterminio, quieren vuestra amistad y ser vuestros hermanos. -El candor y la sonrisa brillaba en la asamblea, y lágrimas de ternura interrumpían los sollozos. Coya sin apartar sus miradas de Almagro le parecía ya gustar la copa deliciosa del amor en medio de la calma, y bendecía al Dios de verdad que adoraba.

»Sí, Almagro, proseguía Huascar, el imperio conoce tus virtudes, y no duda de la sinceridad de tus palabras: pero recuerda los ofrecimientos amistosos que hicieron tus compañeros desde el desastrado instante en que pisaron este suelo; recuerda toda su historia, y las sangrientas escenas que hemos recorrido, y bien sabes que no podemos deponer las armas y esperar en nuevas promesas.»

-No, Peruanos, yo afianzo el convenio, mi espada os responde de su santidad y de su cumplimiento. -Habla digno hijo del Sol, ídolo del imperio, prorrumpió una voz desconocida del consejo.

Los españoles venidos allá de lejanos climas donde el sol nace, continuaba Almagro, han debido a su laboriosidad y a su ventura, si no un alma más sensible que la vuestra, una razón más ilustrada, y tal vez más robusta. Vosotros lo habéis observado, nuestra razón y no nuestros brazos han vencido vuestros numerosos ejércitos. Nuestro monarca, señor de dilatados países, rige un formidable imperio, y su soplo, cual el soplo del omnipotente, bastará a sepultar vuestro país. La mano eterna que rige este universo que os admira, también nos prodigó sus dones, y nos ofreció la inefable bienaventuranza. Jesucristo, el hijo del Señor, bajó a la tierra en forma de hombre, y muriendo en la cruz nos reveló misterios, nos admiró con milagros, y nos dejó la fe y el bautismo para conseguir la salvación eterna. Acaso vuestra razón no penetrará en estos hondos arcanos, pero si adoráis al Dios de los españoles, si sois vasallos de su gran monarca, cesaran las crudezas de la guerra, y vuestros hermanos os ilustrarán gustosos, os pondrán en el camino de la salvación y os harán felices.

Un profundo silencio reinaba en la asamblea mientras hablaba Almagro, hasta que Huascar prorrumpió de nuevo. -Generoso español, si tus compañeros tuvieran tus virtudes, fuéramos vuestros hermanos y no corriera la sangre, ni volara el destrozo. Conocemos la superioridad de vuestra razón, de vuestros adelantos y gustosos os imitáramos a costa de los tesoros que cubren este suelo. Pero mira el sol luminoso que arde sublime en medio del firmamento; por él renacen las flores y crecen los frutos; su lumbre anima al universo y reanima a los hombres; mira cuan desgraciado es el mundo cuando se sepulta en los mares y nos abandona a las tinieblas. El deber, la gratitud, el ejemplo sublime de nuestros mayores, nuestra razón, todo nos lo presenta a nuestros ojos como el primer ser del universo. Su inocente culto ha hecho la felicidad de estas regiones, y sería el más negro de los crímenes preferir su abandono a la muerte. Nosotros desconocemos a vuestro Dios, sólo hemos visto las horrorosas hogueras en que han expirado los infelices que no han abrazado vuestro culto, hemos visto la sangre inundar nuestras campiñas, hemos visto vuestros perjurios, y los tormentos y las llamas nos son un lecho de flores antes que faltar a nuestras creencias religiosas. Si queréis paces, el primer artículo será la inmunidad de nuestros templos y de nuestra libertad política.

Almagro en tanto derramaba lágrimas de ternura y de compasión. «Dignas de la salvación con estas almas, decía para sí; Jesucristo iluminará su razón, y les revelará sus dogmas.» -Sensibles Peruanos, repetía, no me presento a vosotros como un guerrero y menos como un conquistador, solo como un hombre sensible que os ama y os desea la ventura. Vuestra sensibilidad y vuestras virtudes os hacen dignos de la felicidad terrestre, y de la bienaventuranza eterna; creed a quien os ama, abrazad el culto de Jesús, sed vasallos del gran rey de España, y que cese el llanto y el destrozo.

Como sacerdote del imperio, prorrumpió Vericochas, mío es el derecho de responder a tus acomodos religiosos, y el pueblo y el senado tal vez respetarán la opinión del sacerdote. Adorando al padre del día floreció el imperio dilatados siglos, la gratitud inspira a sus adoradores, pero el astro luminoso quiere en sus hijos el convencimiento de la razón, no las modulaciones de los labios. Si ese sublime Dios en que tu crees inspira las almas de los peruanos, y la razón les arrastra a su culto, felices os sigan vuestros prosélitos, pero tranquilos también alabemos en nuestros templos al Dios que inflama los días, los que jamás seremos ingratos a sus beneficios. Yo, en nombre del Sol os lo demando, Peruanos, que antes que le veamos amenazarnos con sus iras entre tinieblas, antes que dejarlo de adorar, si no os cautivan la razón, hundámonos bajo las ruinas del imperio.

Violentos gritos por todas partes prestaban los juramentos que Vericochas exigía, y Almagro levantaba sus palmas al Dios verdadero porque sacara aquellas almas de la idolatría.

-Yo, como vuestro monarca, exclamó Huascar, contestaré en cuanto a nuestra libertad política, y el pueblo y los sacerdotes quizá aprobarán mi voto. Lejos de mí la ambición del mando, jamás por sostener mi trono sería perjuro a mi patria. Nuestras leyes políticas han labrado la felicidad de nuestros mayores, en nuestras leyes está cifrada nuestra ventura, y si pudiéramos lanzar a los mares a los venidos del Oriente, nuestra sangre regaría el árbol de nuestra felicidad. Mi voto es el de la guerra: para ser desdichados no lloremos las miserias de la patria, la tumba nos ofrece mansión tranquila...

-No, Huascar, le interrumpió Almagro, no te dejes arrebatar del valor y del entusiasmo. Yo os lo juro otra vez, nosotros haremos vuestra ventura, no queremos esclavos, queremos hermanos, quererrnos ser felices con vosotros. Corred un velo diamantino sobre lo pasado, confiad en mis juramentos.

Un anciano consejero alzó la voz y dijo: la paz o la guerra deciden de la suerte del imperio; retirándose el enviado podremos hablar con más libertad y acierto decidir la suerte de nuestra patria. -Coya, que en medio del consejo no podía ocultar el amor que en su pecho ardía, ni la inquietud que devoraba su alma al recordar la lúgubre noche que abandonando el culto del Sol recibió las aguas del bautismo, se apresuró a invitar a Almagro a que fuese a descansar a su palacio, en cuanto el consejo deliberaba. El noble guerrero que si bien anhelaba las paces llevado de su corazón sensible, el amor de Coya, la ventura de mirarla, de hablarla un instante, le había llevado a Cuzco, vio llegado el momento por que ansiaba su corazón, y el júbilo y la sonrisa brillaban en su rostro. Empero, exclamó presuroso, ¿y mis tiernos compañeros que fueron vencidos por vuestras armas, viven aun, bendicen vuestras virtudes, puedo estrecharlos entre mis brazos?

-Sí, Almagro, respondió Huascar, en el ejercicio de su culto, tratados con la dignidad de hombres, ni han sido condenados a la dura argolla de esclavos, ni el puñal, ni las hogueras los han arrancado de la creencia de Jesús para adorar al Dios del día. -¡Oh almas sublimes! Yo os juro de nuevo mi amor; mi espada será el baluarte de vuestra libertad; Jesucristo iluminará vuestra razón, y tal vez un día bendeciréis a los venidos del Oriente, dijo Almagro, y seguido de Coya y de un pueblo numeroso, salió del senado para abandonarse a las caricias del amor más puro.

Coya, descendiente de los Incas, hija del Sol, y princesa del imperio, tenía un sencillo palacio adornado con vistosas plumas de mil colores, con techumbres y pavimentos de mármoles y de oro. Allí conducido Almagro, inflamado su pecho de amor, ardiendo sus miradas en las miradas de Coya, sin más testigos que lucidos acompañamientos que cubrían las lejanas puertas y los ámbitos de los salones, como arrebatado de un torrente, de un huracán, se arrojó a los pies de Coya, al tiempo que Coya humedecía con su llanto a su noble y generoso amador.

-¡Oh deidad sublime! la decía; ese llanto de piedad aun publica tu amor, aun tú me amas? -¡Ingrato! -No, Coya, yo te amo tanto com al ambiente de la mañana, tanto como al fulgor de la aurora, tanto como a mi Dios. Un llanto involuntario brotaba por las mejillas de los dos amantes, y profundos sollozos interrumpían sus palabras. -¡Oh Almagro! recuerda, aquella noche solitaria, aquel arroyo cristalino en que abandoné el culto de mis mayores, en que fui perjura a mi Dios recibiendo las aguas del bautismo... Yo adoré a Jesús, no porque le conociera, sino porque era el Dios de mi Almagro; mi crimen ha quedado en lo profundo de mi pecho sepultado entre tinieblas y en eterno misterio, pero al postrarme ante las aras del Sol, negros remordimientos han despedazado mi alma y sólo la memoria de Almagro me consolaba en mis delirios... ¡Ingrato, y volverás al campo de los tuyos, y desolarás la patria de tu Coya, y tal vez sentado sobre mi sepulcro ni una lágrima, ni un suspiro te merecerá mi memoria! -¡Ay, Coya! tu nombre repitiendo, adorando tu nombre, bendiciendo tu hermosura, dando mil lágrimas a tu memoria, he visto cien veces sepultarse el Sol en los abismos de la tierra, y le he visto otras tantas nacer de las simas de los mares. La esperanza de verte, de hablarte, de jurarte mi amor, ha sostenido mi existencia y me ha hecho invencible en los combates. -Y tal vez ya te preparas a darme el adiós postrimero. -Yo te buscaré entre las cerradas selvas, entre las flechas de tus guerreros, en los desconocidos mares.

-Entre las ruinas de mi patria, entre los cadáveres de los peruanos, me buscarás tal vez nadando en sangre. -Acaso Almagro la hubiera jurado por su Dios abandonar a sus compañeros, y esgrimir su espada por la independencia del Perú, pero la hermosa Ocollo, cubierta de luto, con la tristeza y el dolor en su semblante, entre un numeroso pueblo llegó también al palacio de Coya, buscando a Almagro. -Tú que eres sensible, perdonarás, guerrero, los delirios de una infeliz que tus compañeros condenaron a la viudez y al lloro. Los restos del infeliz Atahulpa, sus cenizas, ¿existen aun en vuestro campo? Si existen, hijo del Sol, yo te lo ruego, vuélveme tan inapreciable tesoro para que las riegue todos los días con mi llanto. -¡Ah! desgraciada Ocollo, fueron dudas al viento, murió en la idolatría. -Murió en la virtud. -Yo no fui criminal. -La historia pregonará el crimen, las remotas generaciones odiarán a sus matadores. -Consuela tu llanto, divina Ocollo, piensa sólo en la felicidad de tu patria; tu hermosura y tus encantos podrán más que los numerosos ejércitos. -Sólo a mi triste patria puedo ofrecer la estéril ofrenda de mi llanto. -No, Ocollo, puedes salvarla de sus ruinas, puedes romper las cadenas de los esclavos, puedes vencer al conquistador de tu imperio. Pizarro te ama con furor, tus miradas penetraron en su pecho y encendieron en él un volcán horrible, tú lo sabes, él te reveló el secreto, tú puedes amar... -¡Al matador de Atahulpa! -Lo dicta el bien del Perú. -Es sacrificio superior a mis fuerzas, la sombra de Atahulpa, ¡que horror!...

Almagro, que conocía el impetuoso carácter de Pizarro, y el amor que ardía en su pecho, al ver la firme resolución de la hermosa, presagió los más enlutados destinos en el porvenir del Nuevo Mundo.

Fijando elocuentes miradas en su Coya, vamos, la decía, ya el consejo habrá decidido la suerte del imperio. Ocollo, Coya y Almagro entre lucidos acompañamientos marcharon al Consejo en la mayor zozobra. Ya los consejeros habían deliberado, y presentaron las paces al mensajero.

-Si tus compañeros, exclamó Huascar, quieren las paces, dignas son de su valor y del poder de su gran monarca; pero si rehúsan nuestras proposiciones, no esperéis humillación en los peruanos, sosteniendo sus leyes y sus templos quedarán gloriosamente sepultados entre las ruinas de su patria. Desde el infortunado momento en que pisaron este suelo, hemos sido víctimas de nuestra inocencia, y no de nuevo nos entregaremos a la buena fe, si no se nos ofrecen garantías.

-Almagro prorrumpió, yo soy el encargado de contratar las paces: no faltarían mis compañeros a sus juramentos: difícil es daros satisfactorias garantías; pero si desoyeren los preceptos de nuestra santa religión, yo os juro por Jesucristo que abandonaré sus filas, que combatiré a vuestro lado; también tengo secuaces en mi campo, y tal vez comprometieran la victoria.

-Tus virtudes han merecido la confianza del imperio, repuso Huascar, tu juramento es bastante; contigo sería nuestra la victoria: oye pues el convenio.

1.º Los templos y las leyes del Perú serán inmunes, y sólo los peruanos podrán reponer o variar sus leyes políticas y religiosas.

2.º Los españoles vivirán bajo el imperio de las leyes de su monarca y el libre ejercicio de su culto.

3.º Los españoles podrán predicar su religión, valiéndose de la persuasión para convertir a su creencia.

4.º El imperio del Perú pagará al gran monarca del Oriente anualmente cien arrobas de oro y doce mil de plata.

5.º Los españoles podrán vender y comprar libremente en el Perú.

6.º Canje de prisioneros.

Estos son los convenios, repetía Huascar, nada puede variarse de los artículos; si queréis paces, si Almagro garantiza los juramentos, cesarán la muerte y los estragos; pero si buscáis nuestro oprobio os declaramos la guerra hasta hundirnos en el polvo.

Almagro escribió detenidamente los artículos, y exclamó al Consejo: dignas del gran monarca del Oriente y de vosotros son las paces, yo las acepto; yo procuraré que mis compañeros las juren ante los santos Evangelios, y entonces Almagro responderá de su inviolabilidad. Mas, Peruanos, un medio sencillo nos ofrece la suerte para estrechar nuestros lazos; Ocollo suspira en la viudez, Pizarro la idolatra; que la hermosa ante las aras le de el dulce nombre de esposo.

-Al matador de Atahulpa, gritó Ocollo, yo sólo puedo detestarle...

Vericochas contestó que el amor era inviolable en el Perú, que sólo a Ocollo tocaba responder al guerrero. -Yo le detesto, repetía. -Di a Pizarro que sofoque su amor, prorrumpió Huascar, que el imperio no manda sobre los corazones, que Ocollo no puede amarle.

Mil reflexiones con ternura hizo Almagro al senado, pero en la frente de Ocollo brillaba el aborrecimiento que su alma tenía a Pizarro, y no era posible acomodo, porque los Peruanos jamás harían a la hermosa víctima de sus intereses. Después de prodigar el español tiernos abrazos a Huascar, a Vericochas y a los consejeros, les suplicó le permitiesen abrazar también a los prisioneros; lloró con ellos tiernamente, les prometió que en breve tornarían a su campo y a su patria, y gozoso salió de la ciudad para tratar los convenios con sus compañeros.

La hermosa Coya juró de nuevo su amor a su adorado: mil ternuras y mil caricias le aseguraban el de su Almagro, y felices miraban cercano el término de sus tormentos. Coya aunque educada entre los ejércitos bendecía las paces, y Almagro aunque nacido entre el ruido de los aceros, sólo en las paces hallaba el medio de gozar las caricias de su Coya. Los peruanos conservaban sus leyes y sus templos, en nada su honor se degradaba; si pagaban inmensas sumas a los españoles también aprenderían sus ciencias, sus artes y su civilización, unos y otros serían felices; los siglos y las costumbres estrecharían sus lazos, en España correrían los torrentes de oro del Perú y amigos y hermanos libres, les serían más ventajosos que desgraciados esclavos. Así lo dictara la razón, y lo mandara el bien de las naciones, pero en el siglo XVI en la corte de Carlos 5º y sus delegados, la espada y la cruz pesaban más que la razón, más que la humanidad y más que el bien de las naciones.

19
VICTORIA

$\mathcal{E}$l estampido del cañón no aterraba a los cuzqueños, las armas no brillaban a los rayos del Sol, y entre los dos ejércitos reinaba la calma más profunda. Almagro salió de la ciudad, lleno de las dulces esperanzas que su razón, su sensibilidad y su amor le inspiraba; y el senado y los peruanos esperaban tranquilos el resultado definitivo de la negociación. Coya al frente de sus batallones, parecía ya perder aquel entusiasmo guerrero que en las líneas intestinas la había conducido a la victoria; la languidez del amor brillaba en su semblante y el amor endulzaba su alma, y realzaba sus encantos. Ocollo sumergida en dolor, lloraba por Atahulpa, y la ruina de su patria; recordarla el nombre de Pizarro era su mayor tormento; el matador del Inca no podía hollar la tierra al mismo tiempo que la hermosa.

Llegó Almagro a su campo y Pizarro y Luque infatigables no pensaban en honrosas paces para los peruanos; pensaban sólo en tender y desarrollar sus planes de destrucción y de conquista a sangre y fuego. Empero, esperaban con impaciencia al mensajero, para conocer el estado de abatimiento en que se hallaba la corte según las propuestas de paces que entablase, y para acabar de conocer el valor y el entusiasmo de los jefes del ejército. Almagro lleno de contento abrazó a sus compañeros; paces dignas, les repetía, de vuestro valor y de la grandeza de nuestro soberano nos ofrece el imperio: éstas son las condiciones, serán nuestros hermanos, harán nuestra grandeza, y nos deberán su ventura. Si aceptáis las paces como la razón y el interés lo dictan, no serán de nuevo violados los juramentos, mi espada ha respondido de su santidad. -Pizarro y Luque callaban con misterioso silencio.

Vista las condiciones que llevaba Almagro, Pizarro gritó que quería esclavos, y Luque que en nombre de Jesús, pedía la demolición de los templos del Sol. -No, ni treguas, ni paces, decía el gobernador, jamás. -El honor de las armas españolas, el interés de mi monarca dicta la guerra; los Peruanos amarrados a la cadena adorarán la cruz, y arrancarán del centro de las montañas los tesoros para adornar el trono del rey de Castilla. -Tú lo sabes, Pizarro, lo interrumpió Almagro, criado en la guerra, he sido el primero en volar a los peligros, la muerte no me intimida, el deshonor me aterra; combatir y morir por mi patria han sido mis delicias, y será mi gloria. Pero el interés de nuestro monarca, la razón, la equidad, todo dicta las paces que nos ofrece el imperio; vuestro excesivo celo, vuestro valor tal vez os arrebata. Condenados los infelices peruanos a la argolla de la servidumbre, despedazados por nuestras armas su raza desaparecerá de la tierra; y hombres y ciudades serán más provechosos que cadáveres y escombros.

Luque henchido de fanatismo gritó desmesurado: ¿y tú, Almagro, y tú verías los templos de los idólatras, y no temerías las iras de tu Dios? -Mi Dios, respondía Almagro, iluminará su razón con la antorcha de la fe, conocerán su omnipotencia y adorarán su misericordia. El puñal y las llamas no cautivan la razón, arrancan sólo frías palabras de los labios, jamás mueven las almas, y Jesucristo quiere el culto interno, el externo es pompa vana. -Satanás se apodera de tu corazón; implora la piedad del Dios que adoras. -Luque se estremecía de horror; Pizarro sepultado en profundo silencio resolvía allá en su mente sangrientos planes... ¿Y Ocollo, le decía a Almagro, es accesible a mi amor, ceden sus encantos al poder del vencedor del Perú? -Tal vez tus halagos y tus caricias podrán cautivar su alma, si oye tu pecho la ternura, pero ahora se estremece al oír el nombre de Pizarro. -¡Se estremece! -La sangre de Atahulpa está aun corriendo en su memoria. -¡Y el amor, decía Luque, habrá de arrebatar los preciosos momentos que debéis a vuestro Dios y a vuestro rey! Pensad sólo en la conquista del Perú, despreciad la vana pompa de Satanás: Ocollo y Coya están inspiradas del demonio para sembrar la discordia en nuestro campo; oíd la voz de vuestro vicario, hijos míos, corred a las armas, proclamad la victoria, no provoquéis las iras del Señor, no queráis que os fulmine el terrible anatema. -Escuchad la piedad, clamaba Almagro. -Tu Dios manda la victoria, decía Luque. -El honor de las armas españolas pide la destrucción, exclamaba Pizarro.

En vano fuera la mediación de Almagro; el fanatismo jamás transige, la ruina del imperio estaba decretada. Su corazón en tanto sufría el más crudo tormento. No admitiendo las paces acaso no volviera a mirar a su adorada: Coya al frente de los guerreros volaría a la muerte, el sepulcro arrebatará sus delicias, o el encarnizamiento de la guerra los separará eternamente. Pizarro al contrario, sólo en la guerra hallaba sus esperanzas para con Ocollo; su carácter no le permitía doblegarse a la ternura, y el orgullo de vencedor podía en su alma más que las inspiraciones del amor.

Mil ideas atormentaban a Almagro. Renunciar a su amor no le era posible; vender a su patria era un crimen; atentar contra su vida una moral opuesta al cristianismo. En tan lastimoso estado, enajenado en delirios, corrió cerca de Cuzco: volad a las armas, dijo a los Peruanos, Luque y Pizarro se niegan a las paces; decid al senado que Almagro no ha podido enternecer las almas de sus compañeros, que está la ruina del imperio decretada; decid a Coya que la adora Almagro. -Veloz también como el rayo huyó de los muros, y volvió a sus tiendas, dejando llenos de terror y confusión a los cuzqueños; y en tanto Luque y Pizarro observaban cuidadosos los raptos de su compañero; se prevenían a asegurarse de una traición a sus armas, y preparaban el golpe para destruir a un jefe que bajo ningún concepto les pudiera ser útil en sus planes.

No se manejaron los acomodos con tanto secreto que todo el campo español no supiera las condiciones que ofrecían los peruanos, y si el mayor número estaba por el asalto y la rapiña, también Almagro tenía secuaces, porque había hombres sensibles. Empero, Pizarro violento en sus órdenes, al desobedecimiento seguía la muerte, y Luque, que hablando en nombre del cielo, tenía un mágico poder sobre los fanáticos del siglo XVI. Uno y otro supieron aprovechar los momentos, dando precipitación a las evoluciones militares, no dejando así lugar a los raciocinios y a las conjuraciones, y Pizarro amenazaba con la muerte y Luque con la excomunión. Dar el violento paso de deponer a Almagro pudiera comprometerlos en los momentos mas críticos, y resolvieron conformes seguir disimulando hasta completar la victoria.

En la ciudad se advertía un rápido movimiento; los gritos de Almagro bien pronto cundieron hasta el consejo, y resonaron en los más lejanos ámbitos de Cuzco; todos corrieron a las armas: Huascar infatigable animaba con su entusiasmo a los guerreros, y los sacerdotes del Sol, con falaces agüeros y profecías, derramaban la confianza entre los valientes. Coya inflamada por el amor de su patria, despezado su corazón con la memoria del abandono de sus altares, admirando por otra parte las virtudes de Almagro, abultadas a sus ojos, animaba también a los soldados; y todos volaban a la muerte entonando cánticos al Sol y a la libertad.

Pizarro tendió de nuevo su división, y comenzó feroz el combate. Casi ya arruinados los débiles muros, se estremecían al estampido del cañón, y caían derrocados. Tres veces Pizarro al frente de su columna avanzó al asalto, tres veces los peruanos lidiando con indefensos pechos contra las cotas y los aceros, rechazaron de los muros a los españoles; millares de cadáveres peruanos servían a los sitiadores de escala al asalto, pero el valor de los indios superior a los peligros y a la muerte, no se aterraba al silbido del plomo ardiente ni al fulgor de los aceros. La lucha era sangrienta: los españoles aguerridos e invulnerables a las armas de sus contrarios, cedían empero al número y al esfuerzo, y el estandarte del imperio ondeaba tranquilo sobre los muros.

Tanto tiempo Pizarro batallando en el Perú, conoció la táctica y el modo de hacer la guerra de los Peruanos. Ya por seguras observaciones, ya por noticias que tomaba de los prisioneros, sabía que cogiendo el estandarte del imperio el ejército se declaraba en fuga, y era del enemigo la victoria. Persuadido de esta idea formó su sistema de ataque. Puesto a la cabeza de cien soldados escogidos, y apoyado por toda su división en columna cerrada, marchó rápido hacia el estandarte, que ondeaba en las ruinas de la brecha. Allí Huascar y los principales guerreros hicieron prodigios de valor; allí la muerte con cien garras devoraba mil víctimas en cada instante, corría la sangre, volaba el destrozo, pero el irresistible esfuerzo de Pizarro, sus armas, su disciplina habían de decidir de la victoria, y Pizarro blandiendo la espada en su diestra, con su siniestra arrebató el estandarte, y el ejército del imperio se declaró en fuga presurosa.

Los vencedores llevando tras sí el exterminio, se lanzaron sobre la ciudad, y, más bien se dieron al saqueo que a seguir los restos del ejército vencido; pero Pizarro previsor, y acechando siempre a la hermosa Ocollo, al tiempo que victorioso invadía la capital del imperio, ordenó al intrépido capitán Soto, que con toda la caballería, cargase a los restos del ejército que huía por las vegas de la campiña, hasta apoderarse a todo trance a sangre y fuego de la hermosa que adoraba, ofreciéndole si lo conseguía toda su decisiva protección para sus ascensos, y una inmensa parte en el botín del Cuzco. Así Pizarro, si Ocollo había quedado en la ciudad, se apoderaría de ella; si huía con el ejército, era posible que fuese prisionera del intrépido Soto; y la conquista de Cuzco creía que también le asegurara el triunfo de sus ardientes deseos, y sólo el sepulcro pudiera salvar a Ocollo de su irresistible perseguidor.

Los Peruanos perdiendo su capital perdían todo el imperio: las inmensas llanuras sólo les presentaban sepulcros, si ya débiles y aterrados osaban de nuevo medir seis brazos con las armas irresistibles de los españoles. Empero de las codilleras de los Andes aun ofrecían el recurso que Covadonga a los Godos, entre las escarpadas e inaccesibles montañas podía conservar su libertad física y su existencia para llorar las ruinas del imperio.

Veinte mil peruanos cayeron al furor de los aceros; veinte mil depusieron las armas al arbitrio de los vencedores; muchos huyeron a remotas playas y aun muchos siguieron a Huascar y al consejo a las cimas de los Andes. Ocollo que también huía, como débil mujer, no era posible siguiese por mucho, tiempo la fuga del ejército; Soto acuchillaba irresistible la retaguardia de los vencidos, y en vano mil Peruanos vendieron cara su existencia por salvar a la hermosa que fue al fin prisionera de Soto, y marchó con ella orgulloso a la ciudad. Coya suspirando por Almagro, suspirando por su patria, gimiendo por sus guerreros, siguió batiéndose, y arrojándose a la muerte, pero el plomo y los aceros respetaron su preciosa vida y se salvó con los suyos en los Andes.

Pizarro dio al saqueo a la ciudad, derramó el terror por todas partes, y sentado sobre las ruinas de Cuzco, señoreaba vencedor el imperio de los Incas: Luque levantaba las manos al cielo y daba gracias al Señor por la victoria; y Almagro en un profundo estupor parecía petrificarlo a la vista de los trofeos de las armas españolas. El trono de Carlos 5º en los hombros de Pizarro sobre una montaña de oro subió hasta el cielo; el Sol luminoso desde este glorioso día no se ocultaba jamás para los dominios españoles. Cuando se sepultaba entre las ondas para dar descanso a la poderosa corte de los Godos, comenzaba a brillar para los nuevos hemisferios, donde sus esclavos extraían de las entrañas de la tierra los tesoros con que se engalanaba la corte de Castilla. Paulo 3º desde el Vaticano, veía brillar la cruz sobre las playas de los mares del Mediodía, y para el antiguo mundo y para el cristianismo se abrió una nueva era a mediados del siglo XVI.

20
DUELO

La toma de la capital y la completa derrota del ejército decidió la suerte del imperio. Al asaltar Pizarro los débiles muros de Cuzco, señoreó los confines del vasto territorio de los Incas; el terror tendió sus alas sobre el Perú, el pendón de la cruz tremoló vencedor sobre las ruinas de los templos del Sol, y los súbditos de los Incas doblaron la cerviz al poder del rey de España. Cogido que fue por Pizarro el estandarte de los enemigos, el ejército se puso en fuga presurosa. Huascar seguido de una pequeña división y acompañado de los magnates del imperio se salvó entre las fragosidades de los Andes, y por largar horas la ciudad se dio al saqueo y al destrozo.

Después de haber saciado la ambición de los aventureros, Pizarro pensó en consolidar su sistema político, y en extender sus órdenes como gobernador del imperio. Los mismos decretos, la misma conducta que se observó en Cajamalca se repitieron en Cuzco; los habitantes fueron condenados a servidumbre y a renunciar a sus creencias religiosas recibiendo la salvación, y el despotismo militar, atizado por el más crudo fanatismo, formaron las bases del gobierno del Perú. Los vencedores, déspotas en todos los siglos, se han sepultado bajo los mismos escombros que su furor ha derrocado.

El lúgubre silencio de la muerte, interrumpido por los gemidos de los moribundos, y las conminaciones de los vencedores, reinaba en la ciudad y en la campiña, y Pizarro después de tres días de permanencia en Cuzco diseminó la mayor parte de su fuerza en pequeñas columnas al mando de los más valientes capitanes para que recorriesen los ámbitos del territorio, y pusiesen al corriente las comunicaciones de las órdenes de la capital. Apenas sin resistencia recorrían las comarcas los destacamentos; pequeñas hordas de peruanos huían aterrados, y en pocas semanas la dominación española se extendió todos los confines del imperio.

Ocollo, como hemos indicado, fue hecha prisionera por el capitán Soto en la retirada, pero Huascar llevó también consigo muchos prisioneros españoles que hasta entonces habían sido tratados, no como enemigos, sino como hombres que sucumbieron obedeciendo las órdenes de sus jefes; mas cuando supo las atrocidades de Cuzco, se apoderó de su pecho la desesperación, juró ante el sol hacer la guerra a muerte, y los prisioneros fueron despedazados por el furor de los vencidos. Aquellos hombres sensibles, aquellos hombres que inspirados por una religión dulce y de ternura se contentaran con vencer a sus enemigos, y lanzarlos a la otra parte de los mares, se transformaron en tigres carniceros que devoraban cuanto hallaban a su paso. Perdida su libertad y sus leyes, arruinados sus templos, amarradas a la ignominiosa argolla de la servidumbre, la sangre sólo podía saciar su venganza; al aspecto de la muerte se pintaba en su semblante la alegría, y el sepulcro era la mansión de paz de los Peruanos.

Tal sería en lo sucesivo la guerra que hiciesen los Incas; los venidos del Oriente serían el objeto de su odio implacable, la sed de venganza se transmitiría a las generaciones, y el suelo del Nuevo Mundo se enrojecería de sangre. Un pueblo que difundiendo su libertad llega a la desesperación, es un torrente furioso que arrastra tras sí la victoria. Un pueblo que pelea por su libertad y por sus preocupaciones, es invencible.

Cuando Pizarro, supo que Ocollo había sido hecha prisionera, creyó colmados todos sus ardientes deseos. Ya había domado el Perú y miraba muy cercano el triunfo de su amor; Ocollo había de ceder a sus instancias amorosas, o la voz del conquistador había de aterrar a la desdichada. Soto entró en la ciudad después de algunos días, y Ocollo sumergida en llanto, destrenzados los cabellos, se presentó ante el vencedor del imperio, y despedazada de dolor, pero con fría tranquilidad, exclamó: -Sí, Pizarro, ya sé mi suerte, no creas que débil me postraré a tus plantas, suplicando una existencia que detesto. Cuando la vida de Atahulpa exigió mi llanto, yo le derramé sobre tus plantas; ahora sólo padece Ocollo. -Pizarro, como arrebatado de frenesí, cogió del brazo a la hermosa y la separó un tanto de los españoles que la observaban. -Mira, infeliz, exclamó, mira mi poder y tiembla mi ira. Tú que amabas a Atahulpa, podrás sentir el delirio del amor. Tu hermosura, Ocollo, encendió en mi pecho una hoguera inextinguible si no consigo apagarla entre tus brazos; cede a mis halagos, tú mandarás en el imperio, y yo seré tú esclavo, y seré venturoso. -Sólo puedes hallar tu ventura entre escombros y cadáveres, ya serás feliz. -Mi alma cede también a los encantos, tú sola ahora me oyes... esta pompa de vencedor, esas montañas de oro, de trofeos, todo lo trocara por tus caricias, compadéceme y tiembla. -Estoy tranquila. -Ámame, Ocollo. -Estás salpicado con la sangre de Atahulpa. -Mi patria la exigió. -Su amor manda que te aborrezca.

Pizarro, por mucho tiempo pálido, helado, víctima de la sorpresa y del furor, parecía un ser inanimado; mas cual el huracán arrebata la débil caña, así asiéndola furioso arrastró tras sí a la casta esposa hasta sus soldados. -Volad, que muere, exclamó desencajado; y tranquila Ocollo, ni un suspiro, ni una sola lágrima conturbaba su semblante. La pasión de Pizarro no era desconocida del ejército, y al mirar sus violencias, su misterioso silencio, bien pronto penetraron la causa que arrebataba la víctima al suplicio, y un sordo susurro conmovía a los aventureros. Almagro al fin, lleno de valor y de nobleza, alzó su voz al dirigirle Ocollo sus lánguidas miradas, y prorrumpió resuelto:

-No, Pizarro, no esperes arrastrar al suplicio esa cándida víctima; yo soy caballero cristiano, mi religión y mi sensibilidad mueven a un tiempo mi espada: Ocollo no morirá sin que antes midamos los aceros. -El furor brillaba en los ojos de Pizarro, la calma en el semblante de Ocollo y de Almagro, y la turbación en las actitudes de Luque y de todos los aventureros. Pizarro no acostumbrado jamás a verse desobedecido, y menos de un hombre que miraba con odio, y como su subalterno: con la rapidez del rayo tiró de su espada para arrojarse sobre el sensible caballero, y Almagro en el momento se dispuso también a la defensa. Tan noble y tan valiente guerrero contaba con secuaces en el campo, y un movimiento eléctrico se comunicó a la masa: los aceros fulminando bullían en sus vainas, y la guerra civil amenazó en un momento con todos sus horrores. Luque, bastante político para conocer los resultados de la explosión que miraba ya estallando, tomó según costumbre la voz del cielo para desarmar las diestras. -Jesucristo os mira, hijos míos, el anatema os amenaza, suspended el furor. -Algún tanto se retrajeron los aventureros, pero los jefes estaban ya sordos a la voz del sacerdote, y en vano entre las espadas levantaba la cruz el vicario. -A la voz de Pizarro cede el universo, exclamaba el gobernador. -Almagro no le teme, contestaba su lugar teniente. -Defiéndete, malvado. -Guarda tu pecho. -Benalcázar y Soto procuraban también detener los rabiosos aceros, y Luque logró al fin que se suspendiese el duelo hasta que separados de la tropa se batiesen como caballeros.

No por el convenio se debilitaran los resentimientos, ni se disminuyera el furor. Se convino en que Ocollo quedase custodiada por veinte soldados, diez elegidos por Pizarro, y diez por Almagro, y uno y otro mandaron enjaezar sus caballos para salir al combate. La desgraciada Ocollo lloraba sin consuelo al contemplar la posición de Almagro, de su generoso defensor, y congojosa clamaba. -No, Almagro, no expongas tu preciosa existencia por dilatar mis tormentos; la muerte es mi único consuelo, el término de mis penas: vive, generoso guerrero, vive para adorar a Coya y para labrar su ventura. -Ya no era tiempo, el honor vale más que la vida y los amores; Almagro había de vencer o ser vencido.

Ya en la tarde se reclinaba el sol en Occidente, cuando los dos guerreros acompañados de Luque, Soto, Benalcázar y toda la división española, salían briosos al combate. A corta distancia de Cuzco habían de cruzarse los aceros, y la primera vez el Nuevo Mundo gozara el agradable espectáculo de ver desgarrarse el pecho entre sí sus conquistadores, alzándose entre sus discordias el árbol de su libertad y de su independencia. Apenas hubieron llegado al sitio, se tomaron las distancias, y se desenvainaron los aceros: los pálidos rayos del expirante sol brillaban melancólicamente en las coladas, yelmos y cotas, y las lúgubres ceremonias de Luque, y el abatimiento de los observadores, realzaban el espectáculo con todo el sublime aparato de la caballería. Luque postrado en la tierra, y levantado las manos al cielo, rogaba al Dios eterno que iluminase las irritadas almas, y salvase al cristianismo, pero los guerreros se aprestaban por momentos a comenzar el combate.

Sólo se esperaba la señal del acometimiento; dio Soto la señal y se lanzaron el uno contra el otro, como rabiosos tigres. Aspas de molinos impelidas del huracán parecían las espadas; su reflejo era un blanquecino relámpago que jamás desaparecía, y el rugido de las cotas asemejaba a los truenos de lejanos horizontes, que sordamente se dilatan entre fragosas sierras. Los golpes se sucedían con la velocidad del rayo, y el valor y la pericia hacían sus últimos esfuerzos. Los caballos aguijoneados por la aguda espuela, relinchaban emblanquecidos de humeante espuma, y el sol huyendo del temeroso espectáculo se sepultaba en las montañas, y sólo mandaba a la tierra un débil crepúsculo. En vano los combatientes intentaban con lo fulminantes aceros abrir paso a la muerte; las diestras desfallecían fatigadas, y las sombrar de la noche se extendían por el cielo. Los espectadores, que inmóviles habían admirado a los combatientes, dieron señal de suspender el combate, y Luque alzó la cruz entre las espadas. Entre caballeros en el siglo XVI, al suspender el duelo, desaparecían las iras, los enemigos se trocaban en compañeros que brindaban alegres en los festines hasta volver al combate, y Almagro y Pizarro eran demasiado corteses y caballeros para no obedecer a las inspiraciones de su siglo; todos se retiraron a la ciudad, y se entregaron a las delicias de un banquete entre los vítores de los soldados.

Ocollo en tanto conservaba su tranquilidad de alma en una cómoda prisión correspondiente a su alta jerarquía, pero su pecho estaba combatido de los más crueles tormentos. En medio de sus enemigos, rodeada de los matadores de Atahulpa, presenciando escenas de horror, oprimiéndola la memoria de Huascar, de Coya y del Consejo, que al fin vivían libres, ya anhelaba morir para terminar sus penas, ya le era la vida preciosa por ver la suerte de los que se salvaban en los Andes. Almagro no la abandonó; después del combate, sus primeros cuidados fueron consolarla, y al día siguiente había de volver al duelo en su defensa.

Coya, que merced a la ligereza de sus peatones supo la generosa conducta de Almagro con su tierna amiga; Coya que supo que la existencia de Almagro y de Ocollo peligraban a un tiempo, no pudiera permanecer entre los suyos sin volar a las inmediaciones de Cuzco en defensa de sus dos prendas, a costa de cualesquiera peligros. En vano el consejo se opuso a sus planes; Coya manifestó con encantos irresistibles que acompañada de pocos y ágiles guerreros hostilizaría la campiña de Cuzco, y el intrépido Huascar, ardiendo ya en sed de sangre, aprobaba el plan de Coya, en cuanto él preparaba nuevo ejército con que entrar en feroz campaña.

Los peruanos a costa de torrentes de sangre habían ido aprendiendo el arte de la guerra de los Españoles, y se habían familiarizado con el relincho de los caballos y el estampido del cañón. Con los prisioneros habían cogido algunos caballos, y Huascar y Coya hacían ya la guerra sobre los cuadrúpedos que tanto terror les inspiraron. La enamorada guerrera al frente de mil peruanos cayó sobre la campiña de Cuzco, no sólo llevada del ardiente anhelo de ver a su Almagro, sino también con el deseo de procurar la salvación de su querida Ocollo, o hallar gloriosa muerte. Cuando Almagro supo que Coya se aproximaba a la ciudad, ya el fuego de su amor era irresistible; en medio de sus delirios creía que su amor era solo el que guiaba a la hermosa; pero bien veía por otra parte, que un formidable ejército huyó vencido al esfuerzo de los conquistadores: ¿qué pudiera prometerse Coya con mil guerreros más que una segura derrota? Huascar había dado cruel muerte a los castellanos que habían sido vencidos; Pizarro derramaba horrores en Cuzco, y en todo el imperio; sólo el negro pendón tremolaba en las playas del Mediodía, y Coya hecha prisionera expiraría entre tormentos. Ocollo no sentía ya fuerza para soportar sus penas, mil veces prefiriera la muerte a la desgracia de Coya, y Almagro aun tenía por ella que batirse.

Poco a Pizarro intimidara la fuerza que conducía Coya; un corto destacamento bastaría para vencerla; pero Luque como acostumbrado a proveer, temió de su influencia en los castellanos; ya satisfechos de tesoros, conoció lo crítico del campo español con las disensiones intestinas. Le pareció que lo que más convendría a la causa del cristianismo sería valerse de toda la influencia del sacerdocio para suspender por algunos días el duelo de los jefes y así procurar la unión, procurar que Ocollo cediera al amor de Pizarro, o preparar a Almagro un golpe a que no pudiera resistirse. Tal fue su actividad, tal el poder que sobre los fanáticos de siglo XVI ejercía el vicario, que triunfó al fin, y se suspendió por diez días el duelo.

Como la fuerza de Coya no era imponente, y apenas hostilizaba, contentándose con ocupar los montes vecinos y proteger la emigración, no se procedió tampoco con actividad a su persecución, y sólo un corto destacamento, entorpecido cuanto era posible por Almagro, cuidaba de que no bajasen a las campiñas, ni embarazasen las comunicaciones. Benalcázar mandaba el destacamento; Benalcázar, aunque ocultamente era el primero de los secuaces de Almagro, y jamás Coya peligrara.

El enamorado caballero luego que la noche extendía su negro manto, en su veloz caballo marchaba a los montes en busca de su adorada, a pesar del odio y eterna desconfianza que inspirara a sus compañeros. El violento carácter de Luque y de Pizarro no podía tolerar por más tiempo a un compañero, que lejos del cooperar a la destrucción del Nuevo Mundo, entorpecía todos sus planes y sembraba la discordia: el rompimiento era indispensable, y Almagro sería víctima de su furor porque así importaba también al trono de Castilla y a la curia romana.

21
POLÍTICA

Preciso será que suspendamos por un momento la rápida narración de los sucesos, y nos detengamos a tender una ligera ojeada sobre el siglo XVI, y examinemos la situación política de Europa, y por consecuencia la situación política también en que habían de constituirse los nuevos continentes a donde la ambición lanzaba a los europeos. El vasto imperio del Perú, como hemos visto, obedeció las órdenes de Pizarro, y como país conquistado, y más en aquella aciaga época, había de sufrir precisamente un horrible despotismo militar, y sólo en las fragosidades de los Andes se respiraba el balsámico ambiente de la libertad y de la independencia; pero el corto ejército del imperio, refugiado en las montañas, no pudiera reflejar rayo alguno de esperanza sobre su patria. El imperio de los Incas había desaparecido bajo las huellas vencedoras de Pizarro; Pizarro como conquistador era el jefe absoluto del imperio, y a la voz de Pizarro se estremecían las conquistadas playas.

Como ya hemos visto también, al llegar Fernando a Cajamalca con los 800 aventureros de Panamá y colonias inmediatas, muchos de los ya enriquecidos con el inmenso botín, tomaron sus licencias, y volvieron a sus hogares cargados de tesoros. Las consecuencias eran naturales; la ambición había de ponerse en rápido movimiento por los inmediatos continentes, y asegurada la comunicación con Panamá,

LA CONQUISTA DEL PERÚ

Darién y colonias comarcanas, millares de nuevos aventureros, volarían al imperio destrozado de los Incas, ansiosos de aplacar su ambición en sus inagotables fuentes de riqueza. Así fue en efecto, y todos los cercanos continentes se desplomaban sobre la bahía de San Mateo; y Cajamalca y Cuzco, y todos los pueblos de alguna importancia se infestaron de nuevos aventureros, que, o ya ingresaban en las filas de las fuerzas de Pizarro, o ya por otros medios menos honrosos contribuían cuanto le será dable a la expoliación del país conquistado, pero haciendo cada cual una aventajada fortuna. En brevísimos días pues, se abrió así un activo comercio por toda la extensión de las playas del Mediodía, pero con el sello de la mala fe de la violencia y del robo, porque en un país dominado por la espada y el fanatismo, fuera imposible pensar en honrosas transacciones comerciales. Despreciables manufacturas se vendían a precios exorbitantes; los deliciosos frutos del Perú, se exportaban con un quíntuplo de lucro, y cual un río caudaloso corría hacia Europa el oro y la plata del opulento imperio de los Incas.

Pero por lucrativos resultados que ofreciera tan vergonzoso comercio, otra fuente se ofrecía más abundante y rápida a la ambición, cual era la minería. Aunque Pizarro daba el sello de empresas reales a cuantas excavaciones y explotaciones se emprendían de importancia, aun quedaban grandes recursos a la laboriosidad y a la industria. Los torrentes arrastraban tras sí variadas piedras preciosas; las montañas arrojaban como fuera de su seno velas de oro y plata, envueltas en espesas capas que desconocía la multitud, y la inculta riqueza del Nuevo Mundo llenaba todas las ambiciones. Las mismas empresas de rey necesitaban de cien brazos industriales para sus inmensos trabajos, cuyos lucros eran limitados por la absoluta falta de contabilidad e intervención, y Pizarro para satisfacer la ambición de los jefes del ejército, y la corte de Castilla después para agraciar a sus favoritos concedía patentes de minería a muchos ambiciosos, que habrían por su cuenta profundas perforaciones que les daban generalmente por resultado opulentas riquezas.

Este inmenso ramo de la minería, exigía forzosamente infinitos brazos materiales para las grandes excavaciones, y aquí es donde aterrada el alma, se hiela la pluma, y apenas osa penetrar por las enlutadas páginas del siglo XVI, y describir sus horrores. Todo fuera perdonable a esa aciaga época, sino llegara su degradación hasta vender la sangre de los hombres: pero la historia de todas las naciones autorizaba desgraciadamente a los conquistadores del Perú para llevar a aquellas virginales playas la esclavitud con todas sus espantosas consecuencias. Los prisioneros de guerra, los desgraciados contra quienes se fulminaba alguna delación política o religiosa, los desventurados a quienes por acusaciones de cualquiera especie perdonara el hacha del verdugo, o las hogueras del Santo Oficio, eran declarados esclavos, cuya propiedad adquirían los jefes militares, o los deudos de los poderosos, y cuyo dominio se transmitía de unos en otros europeos por el derecho de compra, cual otra mercancía cualquiera. Los desventurados adoradores del Sol, amarrados a gruesas cadenas se empleaban en las excavaciones y conducción de los transportes, y acostumbrados a un clima benigno, y aun suave trabajo, porque las tierras del Perú producían sus deliciosos frutos sin que el cultivador derramase su amargo sudor sobre los terrones, caían sofocados a millares en las hondas explotaciones, rendidos al trabajo y al rigor de una atmósfera sulfúrica, y el menor síntoma de desobediencia, caracterizado con la voz de rebelión, se castigaba con la sangre de mil víctimas.

El feudalismo que en el bárbaro siglo XVI dominaba aun a la Europa, pareciera ser la base de la ominosa servidumbre de América; entre un vasallo feudal que era cristiano, y un esclavo del Nuevo Mundo que era idólatra, no era tan grande la diferencia. Un cristiano en el siglo XVI era un ser privilegiado de la tierra, el señor feudal sin embargo, le distinguía con un collar de perro como a un mastín favorito; un idólatra del Sol, era un ser aborrecible, una lepra asquerosa, maldecido en el suelo y en el cielo; ¿qué pudiera esperar en el siglo XVI de sus vencedores, más que cadenas, servidumbre y oprobio? El señor en el Perú tenía el derecho de vida y muerte sobre sus esclavos; el derecho de arrancar al padre de entre los tiernos brazos de sus hijos; el derecho de arrebatar la esposa del casto lecho del esposo; y la sangre de los inocentes adoradores del Sol era el primer artículo del comercio de los europeos. ¡Oh! ¡¡nunca se recordarán a la memoria aquellas escenas de horror!!

Familias enteras, hijos nacidos en la servidumbre, se creyeran dichosos arrastrando las cadenas, si al menos pudiesen gozar de la ternura y de las caricias paternales; pero apenas el sol derramaba su luz sobre la tierra, cuando el horizonte para aquellas víctimas se teñía con la sombra del averno. El robusto padre dejaba perezoso el lecho de la esposa y de las prendas de su amor, para marchar al trabajo en que tal vez aquel día expiraría; quizá el tierno hijo le acariciaba con sus inocentes palmas, y el padre las regaba con el llanto del desconsuelo, cuando el látigo inexorable del señor caía sobre sus espaldas, y arrebataba sus delicias. Aquí la esposa veía percibir al europeo el precio del esposo, y arrebatándole de entre sus brazos arrastrarle a morir a lejanos mundos; allí el sensible padre miraba en un pálido metal la sangre de su tierno hijo y exhalaba el alma de dolor al arráncarselo de sus brazos el europeo para que arrastrase en remotos climas las cadenas del oprobio. ¡Ah! ¡cuántos desdichados se arrojaban a las ondas tras los bajeles que conducían sus dulces prendas! ¡Cuántos prorrumpiendo en execraciones contra el señor, volviendo los ojos al cielo, se daban violenta muerte! ¡Cuántos entre agonías eran víctimas del dolor que sofocan en su pecho! -Basta, basta, no más, corramos un denso velo sobre tanto horror y tanto oprobio.

Pero no bastara al siglo XVI la esclavitud material del género humano, era también preciso esclavizar las conciencias. No pudiera Luque por sí solo atender, ni en los primeros momentos de la conquista, a ejercer todas las funciones del sacerdocio, ni a predicar o aterrar a todos los idólatras del Sol, y derramar sobre sus cabezas las aguas del bautismo, o ya arrojarlos impenitentes y malditos a las llamas; y sus invitaciones por una parte, y por otra la ambición, llevaron también a aquellas regiones sacerdotes de todas clases y condiciones que con el fanatismo de su siglo, serían los verdugos de los inocentes adoradores del Dios que inflama los días. Los célebres decretos de Cajamalca se llevaban a ejecución en todo el imperio, y los desgraciados que no huían a las montañas, tendrían que renegar de sus dulces creencias, o eran víctimas del furor y de las llamas inquisitoriales; y los que arrastrados del terror o del convencimiento, entraban en la iglesia cristiana, eran tratados con toda la dureza de un catecúmeno de los primeros siglos.

Los desventurados adoradores del Sol, unos recibían el agua de la salvación por dilatar su muerte, y los menos entraban en el seno de la iglesia llevados del convencimiento. La conciencia de los primeros era su mas cruel azote; preciso les era concurrir a las ceremonias del culto cristiano, y al ver brillar el Sol en el Oriente se llenaban de terror, maldiciendo su apostasía, y tal vez blasfemaban del cristianismo, y sufrían con doble horror los latidos de su conciencia. Los que inspirados de su corazón creían en Jesucristo, eran ¡desdichados también! víctimas de su ignorancia: los fánaticos sacerdotes llenaban su alma de melancólicas preocupaciones; vendían el cielo a sacrificios tan costosos que todo el oro y toda la virtud humana no bastaban a conseguir la salvación, y el terror de conciencia es la mayor calamidad moral del género humano. La tierna religión de Jesús no fuera conocida de su fundador; su índole dulce, su moral sencilla se convirtió en el pavor de una noche tormentosa; la inquisición derramaba sus horrores, y jamás llegó a Luque, como vicario general, la apelación de una calumnia; los sacerdotes subalternos eran bastantes a llevar las víctimas hasta las llamas.

Tal era el estado social e interior del Perú, las colonias comarcanas arrojaban constantemente nuevos ambiciosos en el imperio, y las fuerzas de Pizarro eran ya considerables y opulentos también los tesoros de los aventureros, cuando por primera vez recibió órdenes de la Metrópoli en los días que duraban las treguas con Almagro. La corte de Castilla miró con asombro los progresos de la expedición de Panamá; admiró el genio y carácter guerrero de Pizarro; Pizarro fue el ídolo de los reyes, de los grandes y del pueblo, y Felipe II desde su enlutado trono miraba con arrogancia no ocultarse jamás el sol en sus dominios. A las nuevas de Pizarro y del Perú, la diplomacia del siglo se puso en rápido movimiento; los consejeros del trono calcularon con frialdad, según acostumbraban, los intereses de su monarca, y despreciaron los hombres, y hollaron la humanidad con oprobio. Desde luego se fijaron leyes y reglamentos en que se aprobaba la esclavitud, en que se concedía la venta de los esclavos, en que se hacía responsables a los sacerdotes y jefes militares de la mayor propagación del cristianismo, en que se establecía la inquisición bajo las más inicuas bases, y en que se mandaba al fin la destrucción del Nuevo Mundo.

Desconocidas en aquel negro siglo las verdaderas bases de la riqueza y del poder de los imperios, sólo se pensaba en saquear las colonias y arrastrar sus riquezas a la Metrópoli. Los tronos en el siglo XVI despreciaban los adelantos de las artes; la agricultura era un nombre fantástico cuyos resultados escapaban de la escasa penetración de la época, y los derechos sociales estaban en absoluta oposición con el feroz despotismo que tendía sus alas de un mundo al otro. A Pizarro sólo se le exigían tesoros; los modos de extraerlos, o arrebatarlos, quedaban a su arbitrio. Tan monstruosos principios formaban en los tiempos primitivos las bases de las comunicaciones de la Metrópoli con los nuevos continentes.

La conquista del Perú se revistió además de la máscara religiosa que encubría todas las usurpaciones de aquel siglo. El primer aventurero que saltaba en tierra en un continente, tomaba posesión en nombre del sumo vicario de Cristo, que luego concedía la envestidura a los reyes temporales. La corte de Roma desplegó todos sus derechos e influencia sobre la conquista del Perú, pero había recibido de la corte de Felipe demasiados dones para serle ingrata, y Felipe tenía demasiados tercios y mesnadas para que Roma no le temiera y le prestara sus más rendidos homenajes. La corte de Roma concedió a los reyes de Castilla la investidura del Perú, pero la corte de Roma, según acostumbraba en aquellos siglos de ignorancia, exigía por sus fantásticos derechos enormes atribuciones. El derecho de la elección de los prelados, las enormes exacciones de bulas y licencias, la influencia más activa y más lucrativa en toda clase de negocios, fue siempre inherente a la curia romana.

Pizarro, en medio de las inquietudes de su violento amor por Ocollo, en los momentos que había de volver al duelo con Almagro, recibió comunicaciones de la metrópoli, que lisonjeaban demasiado su orgullo y su efectivo poder. La corte de Castilla le declaraba solemnemente gobernador y jefe absoluto de todo el imperio; Pizarro era el primer sacerdote, el primer jefe militar y el primer magistrado; era el Calígula y el Domiciano del Nuevo mundo, y la metrópoli le exigía sólo por recompensa el quinto de todas las riquezas que arrebatase. En la inmensa conquista, un inapreciable botín había quedado en manos de los aventureros, y Pizarro, bastante perspicaz para conocer el modo de asegurar su influencia en la corte, había reunido para la corona una exorbitancia de oro y plata de que se cargaron muchos buques y galeras en San Mateo.

La suerte del imperio en nada varió con las comunicaciones de la Metrópoli: los consejeros de Madrid no sabían más, ni eran más humanos, que los invasores; una misma ambición y un mismo fanatismo los dominaba, y los reglamentos o cuerpos legales a que la Metrópoli los sujetase habían de tender a la rapiña, a la destrucción y al oprobio. La autoridad de Pizarro adquirió nuevo vigor y nuevo crédito; en vano algún hombre sensible quisiera en la corte alzar la voz contra su atroz tiranía: la corte de los Felipes sólo quería tesoros y prosélitos del cristianismo; Pizarro les derramaba torrentes de oro, y las hogueras inquisitoriales ardían eternamente. La suerte del Nuevo Mundo parecía ya fijada; la corte de Roma y la corte de Madrid habían de imprimir sobre aquel inocente suelo el carácter y el genio del siglo XVI, pero sus habitantes habían de desaparecer de la tierra, para purgar la idolatría de haber venerado al padre de la luz. Tal había sido la suerte de todos los continentes ocupados por otros europeos: la diplomacia de aquella era parecía que sólo hallaba su centro en la destrucción.

Los hombres armados en el Perú, y los sacerdotes, eran los encargados de despojar de sus tesoros al imperio, y remitir a la Metrópoli los inmensos tesoros que aun les sobraban. La corte de los Felipes se adormecía entre el oro; las galeras españolas hasta nuestros días, cruzaban rápidas los mares para transportar a España las riquezas del Nuevo Mundo, la corte de Madrid se disipaba en la abundancia, corría el oro a raudales: con una montaña de oro se levantaba San Lorenzo en el Escorial, ese soberbio templo, octava maravilla del mundo; con otra montaña de oro se hacían olvidar en la suntuosa Granja las fuentes encantadoras de Versalles; una montaña de aquel oro se destinaría a ser alcázar de los reyes en Madrid; con otra se dominaría el tajo en Aranjuez para levantar sus opulentos jardines; los campanarios y catedrales absorberían también un mar de oro, pero jamás pensaron los Felipes ni sus cortesanos en destinar ni el menor superfluo de tan exorbitantes tesoros, a desarrollar la riqueza pública de su patria, a facilitar las comunicaciones, ni a proteger su comercio. Opulentos templos y torreones en que descollara la soberbia y el orgullo del fanatismo del siglo XVI; alcázares magníficos y ostentosos, fantásticos y deliciosos jardines y obeliscos entre estériles montañas, en que los reyes se dieran al solaz, y sus pobres cerebros se disipasen entre la voluptuosidad y el orgullo; he aquí las brillantes memorias que nos legaron nuestros padres, por los torrentes de oro, de sudor y de sangre, que arrebataron a los adoradores del Sol, a los súbditos de los Incas, a los desgraciado habitantes del Nuevo Mundo.

22
CONDENACIÓN

Dejaremos a la penetración de nuestros lectores las melancólicas consideraciones de la situación política y religiosa del Nuevo Mundo en los tiempos primitivos de la conquista, y volveremos a anudar los sucesos de nuestra historia.

Pizarro en las comunicaciones que recibió de la corte, halló lisonjeado su orgullo, y su autoridad ilimitada; pero el nuevo poder del gobernador no le desnudaba del carácter de bizarro caballero, y de desdeñado amante: Ocollo, era su amor y su tormento, y expiraban las treguas, y había de volar al campo del honor a batirse con Almagro. Luque había recibido también la confirmación de su carácter de vicario general del imperio, y su alma tenía demasiados puntos de contacto con la de Pizarro para que no los uniese una estrecha amistad, y una completa y mutua confianza; y no perdonaba medios de cuantos estaban a su alcance para evitar que de nuevo tornase al duelo. Conocía muy bien el valor y la fortaleza de Pizarro, pero tampoco se le ocultaba que Almagro era valiente, y demasiado experto en el manejo de las armas, y Luque se estremecía al solo considerar que Pizarro pudiese ser vencido. Pero difícil empresa acometía; en vano hablara a los dos guerreros en nombre del cielo; Pizarro no conocía otro término que ser amado de Ocollo, o arrebatarla su honestidad, y arrastrarla a las hogueras; y Almagro había protestado ante su Dios que no vería atropellada la virtud y la inocencia.

Luque para conseguir su objeto hería el orgullo de Pizarro pintándole lo impropio que sería se batiese con un subalterno, y miraba como más sencillo un asesinato, o una calumnia religiosa; pero Pizarro siempre caballero, dio a entender con firmeza su desagrado a Luque, y se preparaba al combate. -Que viva, repetía, para que ceda al rigor de mi acero. -Almagro por su parte, su vida y sus amores eran demasiado despreciables al lado de su honor; el carácter verdaderamente caballeresco le dominaba, y Luque en vano usara de todo su poder e influencia.

Ocollo, víctima en tanto del más crudo tormento, miraba a Coya generosa volar a los peligros por salvar a la patria; miraba a Huascar y a los nobles hacer los mas heroicos esfuerzos por reanimar el aliento de los peruanos a volver a luchar por su libertad, y ella en tanto se veía próxima a exhalar su vida en un cadalso, sin vengar la sangre de Atahulpa, y sin prestar a su patria un leve consuelo. Por otra parte, el generoso Almagro había de exponer segunda vez su existencia por salvarla, y Almagro había de sucumbir en el combate, o llevar tras sí la maldición de la mayor parte de su campo, y quedar expuesto al puñal de un asesino. Todo pudiera salvarlo cediendo al amor de Pizarro, pero era imposible que dejara de odiar al matador de su adorado Inca, y su alma gemía contrastada por violentos y contrarios huracanes. Sin embargo, la sangre de Atahulpa, siempre presente a sus ojos, clamaba por venganza, y Ocollo se decidió a mentir su amor a Pizarro, antes que morir en un cadalso sin ser útil su sangre a su patria.

Ya los dos guerreros aprestaban de nuevo las armas para volar al combate, cuando Ocollo llamó a Almagro a su prisión para que suspendiese el duelo. -Sí, generoso Almagro, le repetía, tu nombre será eterno en mi memoria, y eterna mi gratitud; desciñe tus armas, estoy resuelta a amar a Pizarro. -¡A amar a Pizarro! la repuso Almagro. -Sí guerrero generoso, a decir a Pizarro que le amo; pero mi corazón aun respira sólo para Atahulpa. -No puedo comprender, Ocollo. -Es un arcano. -Respeto hasta los sacerdotes de las hermosas, pero si acaso por evitarme el duelo, Ocollo, hicieses violencia a tu alma... No, Almagro, no, yo te lo juro, quiero abrazar el cristianismo. -Adiós, Ocollo, cuenta siempre con mi espada. -¡Ah! espera, «si vieses a Coya, si te pregunta algún peruano, di que Ocollo no es perjura a su patria, que adora más que nunca a Atahulpa, que no crean débil ni criminal a la esposa del Inca.» Después de un corto silencio Almagro marchó lleno de asombro, y Ocollo mandó un atento recado a Pizarro.

A pesar del orgullo de Pizarro, tal era el violento amor que tenía a Ocollo, que no se desdeñó en ir a su prisión para escucharla. -¿Qué tienes que comunicarme? la decía. -Ocollo temblorosa, su inocente alma no acostumbrada a la ficción, apenas podía con balbuciente labio romper el silencio. -«Al fin Pizarro, triunfaste en mi corazón; yo te amo.» -¡Tú me amas! Tú que repetías que no podíamos los dos hollar a un tiempo la tierra! -Sí, pero la mano del tiempo ha cicatrizado mis heridas, quiero abrazar el cristianismo, vivir contigo, y te amaré, Pizarro. -¡Y yo gozaré de tus caricias; y tú serás la dulce compañera de mi lecho! La sonrisa se destacaba de su semblante; Ocollo suspiraba allá dentro de su pecho, pero ahogaba entre sus labios los suspiros, y Pizarro después de hacerla repetir cien veces el dulce juramento, la mandó sacar de la prisión, y conducirla a su palacio, que era el palacio de los Incas.

Bien pronto supo Luque y todo el pueblo que Ocollo había cedido al amor de Pizarro; y el vicario de Cristo en el Nuevo Mundo miró como un patente milagro aquella repentina mudanza que consolidaba la conquista del Perú. Ya Pizarro no expondría su preciosa vida batiéndose con Almagro, y unido en lazo conyugal con la esposa de Inca, los Peruanos lo acatarían más placenteros, como su legítimo monarca, -¡Ah! sin duda ignoraba Luque que los pueblos libres detestan siempre a los tiranos, bajo cualquiera forma que se revistan! -Desde luego se levantó el duelo con las solemnidades de costumbre, y Pizarro se esforzó por fingir a Almagro su amistad y su aprecio.

Pizarro, que ansiaba el momento de llenar sus ardientes deseos, sin cesar molestaba a la hermosa con ardientes y libidinosas instancias. Empero Ocollo había pensado anteriormente el modo de burlar las esperanzas del que odiaba, y llevar su plan a cabo; y al tiempo que sostenía en Pizarro la ilusión y el atractivo de su amor, burlaba sus deseos. -Tú lo sabes, le repetía, tu religión, exige que los esposos profesen una misma creencia; yo desgraciada no he conocido tu religión, ni estoy iniciada en sus misterios; en breve me instruirán los sacerdotes cristianos, recibiré las aguas del bautismo, y entonces, Pizarro, nos abandonaremos a las delicias del amor. Aquel carácter feroz, aquel Pizarro que derramando sangre se había hecho el terror del imperio, cual cede el toro indomable, cedía a las inspiraciones del amor, y Ocollo sostenía sus esperanzas con admirable artificio. Lejos de Pizarro la idea de la violencia; a las lágrimas de la peruana, su corazón era sensible, y más de una vez salvaron la existencia de algunos desdichados. Bien conocía Ocollo que aquel estado era violento, que no por mucho tiempo podría el ardiente castellano ser el juguete de sus artificios, pero en tanto meditaba su venganza y era la protectora generosa de sus desgraciados súbditos. Trataba con pompa en el palacio, se granjeaba también el amor de los Españoles, y el cristianismo era su más seguro baluarte para resistir las impetuosas instancias de su amador.

Luque era el encargado de iniciar a Ocollo en los misterios cristianos para que recibiese las aguas del bautismo, y la peruana, al tiempo que mostraba docilidad para escuchar al sacerdote; buscaba recursos en su claro entendimiento para argüir razonablemente contra el cristianismo. Bien es verdad que el Nuevo Mundo jamás se acostumbró a iniciar a los catecúmenos en las doctrinas: un sacerdote predicaba en el templo las excelencias de la religión de Cristo, y las eternas penas y bienaventuranzas, pero era después de que hubiesen recibido el agua de la salvación, pues hasta tanto no hubieran tenido entrada en el templo, y el lenguaje de los sacerdotes siempre era profético y elevado, cual si los nuevos fieles estuviesen iluminados de la antorcha de la fe. ¡Cuántas veces en vano un sacerdote usaba de su misterioso lenguaje para que los Peruanos comprendiesen la Trinidad, la esencia y atributos de Dios; para que conociesen la virginidad de María, y la encarnación del Verbo! Ocollo de razón robusta y despejada, decía que era el mayor de los crímenes recibir las aguas del bautismo hasta que no se creyese firmemente en los dogmas cristianos, y Ocollo era respetada porque dominaba el querer de Pizarro. El Gobernador sin embargo, ansiando siempre el momento de gozar las delicias del amor, apremiaba a Luque porque bautizase a Ocollo, y la situación de la peruana era de día en día mas crítica y peligrosa, pero los acontecimientos de la libertad del imperio se sucedían con rapidez, y Ocollo tomaba aliento en sus próximas esperanzas.

En tanto Almagro más que nunca era víctima del amor de Coya; sus delicias eran estar a su lado, Coya era su querer y su anhelo, Coya su ídolo, y para Almagro sólo Coya vivía en el universo. La hermosa situada entre las montañas que circundaban a Cuzco, veía de día en día aumentar sus fuerzas con los desdichados que podían escapar de la cadena de la servidumbre, o de las garras de los inquisidores, y continuamente mandaba refuerzos a Huascar. Almagro ya había hecho público su amor, y ni los castellanos ni los Peruanos ignoraban su pasión funesta, y todos los días había de ir a la montaña a ver a su hermosa. Ni Pizarro ni Luque pudieran sufrir un amor que tanto contrariaba sus intereses, y los intereses de su patria, y el rompimiento con Almagro era indispensable.

A la verdad, Almagro faltaba abiertamente a las reglas de la disciplina militar, comunicaba con el campo enemigo, y contribuía por cuantos medios le eran dables al sostenimiento de Coya. Por otra parte, pudiera dudarse de sus creencias religiosas amando a una peruana que los castellanos tenían por idólatra, y había sobrados motivos para sujetarle al fallo de un consejo de guerra.

Apenas la noche tendía su apacible manto, Almagro ceñía las armas, enjaezaba el caballo, y marchaba veloz a la montaña. Allí Coya ya esperaba a su amado, algún tanto separada de sus guerreros, y abandonados a las más puras delicias, miraban recorrer la luna el firmamento. El amor más tierno los unía, Almagro vivía para Coya, y Coya para Almagro. -¡Ah! le repetía una serena noche la hermosa, que bien me presagiaba el corazón que nuestro amor sería un negro meteoro! - Interminables nuestras desdichas, cada día que sucede parece redoblar nuestra amargura. Mi patria se ha hundido en polvo, los templos del Sol desaparecieron, la sangre de los Peruanos enrojece las fértiles campiñas, yo desconocí a mi Dios. -Hermosa... Une tus esfuerzos a los míos; ya que como venido del Oriente clavaste el puñal en mi inocente patria, como adorado de Coya cicatriza sus heridas. -Mi patria Coya... Yo abandoné mi Dios... Idólatra no te hubiese amado... -Sólo puede sentirse la situación de aquellas desdichadas almas; Almagro no podía ser traidor a su patria, Coya era demasiado fiel para abandonar su campo, en que ya perdía el prestigio porque se empezó a dudar de su creencia religiosa; y dos amantes tan tiernos podían hallarse en los combates y darse la muerte.

Coya en la montaña era despreciable a los ojos de Pizarro, ni tenía fuerzas, ni hostilizaba las campiñas, y no creyó el conquistador mereciera el trabajo de batirla. Coya por su parte conocía también que no podía aventurar una batalla, y procuraba sólo aparecer a los Españoles como una enamorada que buscaba la aproximación de su amado; pero en tanto sus fuerzas eran un punto de reunión para los Peruanos que escapaban de las cadenas, y sin formar jamás mucha gente los internaba a los Andes.

Era una tranquila noche cuando Almagro entraba en la ciudad de vuelta de la montaña, y el capitán Soto con veinte hombres le esperaba con orden de Pizarro para prenderle. Por mucho que Almagro se sorprendiese no hizo la menor resistencia a la orden de su jefe; como buen militar respetaba la subordinación y disciplina, y siguió a Soto que le condujo al palacio del gobernador, donde ya le esperaba reunido el consejo de guerra. Un espacioso salón enlutado era el lugar donde se reunían los jueces; Pizarro presidía el consejo, y Luque asistía también como sacerdote para los cargos religiosos. Allí fue conducido Almagro con las ceremonias de un criminal, pero su rostro y su corazón estaban tranquilos, aunque absorta y sorprendida su alma. Apenas apareció en el consejo, el fiscal le leyó los cargos, como conspirador contra su patria por sus continuadas comunicaciones con el campo enemigo, y como apóstata del cristianismo por ilícito comercio con una idólatra. Almagro lleno de majestad hizo su defensa con el vigor y la energía que le inspiraba su inocencia, recordó a los jueces los hechos de valor y sacrificios que contaba por su patria, los esfuerzos que numeraba por la conquista de aquel imperio, y negó amenazante y furioso el ilícito comercio que se le imputaba. «Coya es un tesoro de virtud, les repetía, y Almagro respeta su virtud, cual respetarla debierais.» Todo era en vano, la sentencia estaba dictada antes de reunirse el consejo, y Almagro había de ser condenado a muerte. Luque no por mucho tiempo pudo ocultar el odio que ardía en su pecho, y con el lenguaje que le inspiraba su atroz fanatismo, le hizo los más duros e injustos cargos, y pidió que fuese quemado como impío. Sin embargo el objeto del consejo se limitaba a que Almagro dejase de existir, y fue condenado al fin, como militar, a ser arcabuceado.

A pesar de todo el valor y toda la tranquilidad de Almagro, no pudo menos de sorprenderle un golpe tan inesperado, y su desarmada diestra se estremecía. Protestó enérgico contra la violencia, pero desarmado y rodeado de espadas, sólo hallara el oprobio y la muerte en la desobediencia. Por otra parte sus contrarios habían tomado todas las precauciones necesarias para arrastrarlo hasta el suplicio, sin que una sola espada lo defendiera. Benalcázar y algunos otros de sus adictos estaban fuera de la ciudad, y diseminados por la campiña o las provincias, y un profundo silencio selló la prisión y la condonación del guerrero. En aquella misma noche había de recibir los socorros espirituales, y al romper el alba había de exhalar el postrimer suspiro. Nadie penetró el misterio; los jueces guardaron un profundo silencio, y la tumba se entreabría para el generoso Almagro... Coya... Coya... sólo repetía en sus suspiros, bárbaros verdugos me arrebatan de tus brazos, tú no sobrevivirás a mi muerte, pronto nos veremos en la mansión de los justos.

Ocollo dominaba el corazón de Pizarro, y ya porque jamás hay secretos con la que se adora, o ya porque no le culpara después de haber asesinado a su defensor; como compadeciendo la suerte de Almagro, la dijo que estaba condenado a muerte, y que al romper el día había de ser pasado por las armas. Ocollo que vio tan de cerca amenazada la existencia del generoso; Ocollo que sentía profundamente la gratitud, se postró a los pies de Pizarro, los bañó con mil lágrimas ardientes, y puso al gobernador en el mayor conflicto; pero la aseguraba que no había tenido la menor parte en su sentencia, que los jueces eran inexorables, y enormes los delitos de Almagro; la protestó en fin, que no podía salvarlo, y se mostró inflexible. La desdichada ni obtuvo licencia para ir a la prisión a consolar al condenado, ni en su aislamiento hallaba recursos para mostrarle su gratitud y salvarlo: gemía sin consuelo, era víctima del dolor más profundo, pero en tanto la noche volaba silenciosa, y Almagro a la aurora había de salir al cadalso.

El guerrero fue auxiliado por un sacerdote que con lúgubres ceremonias le preparaba a la muerte, y Almagro cumplió tranquilo con los deberes cristianos. La imagen de Coya no se separaba un momento de su imaginación, y en los últimos instantes la escribió para consolarla. - Horrendos malvados me arrastran al cadalso, y muero respirando tu amor, adorando a Coya: mi conciencia está tranquila; aunque uno de los invasores de tu patria, muero con el consuelo de que ningún peruano recordará mi nombre con horror. Adiós, adorada Coya, ama al Dios de los cristianos, y en la mansión de los justos volveremos a tendernos nuestros brazos. Adiós, lo te adoro, yo soy sacrificado por tu amor; pero yo te adoraré hasta en la tumba. -Almagro después de haber confesado sus culpas, recibió la eucaristía y se preparó con toda la tranquilidad de una alma grande a marchar al cadalso.

Aun no despuntaba el nuevo día cuando ya algunas mesnadas salían sin bélicos instrumentos a formar el cuadro donde había de expirar el noble guerrero. Soto y otros oficiales de toda la confianza del gobernador mandaban las escoltas; Benalcázar y los principales adictos a Almagro estaban fuera de la ciudad, y el pueblo nada sabía de la atroz sentencia. ¡Tal fue la oscuridad y rapidez con que se fulminó! El silencio de la muerte absorbía a Cuzco y la campiña; y la aurora despuntaba entre tinieblas y la tranquilidad parecía afianzada. Ya la víctima apareció entre una fuerte escolta, y el sol huyendo del atroz espectáculo se ocultó entre espesos celajes, dejando sumergida la tierra en densas tinieblas. El gobernador tuvo por político no asistir personalmente a la ejecución, y la encomendó a Soto; y Almagro rodeado de sacerdotes, sin que se lo permitiese dirigir la voz a sus compañeros, entonaba ya con fervor cristiano las primeras palabras del credo, y la muerte le tendía sus garras, cuando cual un torrente precipitado desde las estrellas, se desplomó Coya con mil guerreros sobre los bárbaros verdugos.

Los castellanos dormían en la confianza, la sorpresa fue de terror; Coya para salvar a su ídolo era un huracán rabioso; Pizarro faltaba a la cabeza de sus compañeros, los castellanos se pusieron en desorden, y Coya arrebató de entre sus garras a su adorado Almagro. Los sacerdotes que más de cerca le rodeaban fueron muchos víctimas del valor de los Peruanos, y si bien el feroz Soto les causó grande destrozo, muchos españoles también fueron víctimas en el campo de la sorpresa. El movimiento se comunicó a la ciudad; el gobernador con la velocidad del rayo voló al peligro, pero ya era tarde, Almagro y Coya escaparon en veloces caballos, y los Peruanos se sepultaron de nuevo entre las fragosidades de la montaña.

23
LOS ANDES

La sorpresa de Coya y la salvación de Almagro, llenó de terror y admiración a Luque, a Pizarro y a todos los invasores, y particularmente a los jefes militares que habían formado el consejo de guerra, porque nadie se podía explicar satisfactoriamente un suceso tan extraordinario. Un destacamento numeroso al mando de Benalcázar observaba a la división de Coya, como ya hemos indicado, y entorpecía e imposibilitaba todos sus movimientos; y la prisión, condenación y ejecución de Almagro, se había manejado con tanta rapidez y tan impenetrable misterio, que nadie lo había sabido en la ciudad, y menos se hubiera podido saber en la campiña.

La hermosa Ocollo, que tanto debía a Almagro, y que en su pecho ardía la más pura gratitud, viendo inútiles sus súplicas y su llanto a las plantas de Pizarro, por un veloz indio, peatón de toda su confianza, dio aviso a Coya en aquellos mismos angustiosos momentos, y Coya enajenada, delirante, se precipitó al peligro, porque su mayor suplicio sería sobrevivir a su adorado. Benalcázar, el primer amigo y parcial de Almagro, ya anteriormente en inteligencia con Coya, por complacer a su amigo, lejos de entorpecer los movimientos de la Peruana, juró con ella salvar al héroe, y juntas todas las fuerzas, mandadas por Benalcázar, cayeron sobre el cuadro en que tan atrozmente iba a ser por instantes sacrificado el generoso amador.

Los vocales del consejo, únicas personas que habían estado en el secreto, parecieran las solas responsables de haberlo roto, y con anhelo se buscaba al perjuro para que sufriese un ejemplar castigo, pero nadie se atrevía a culpar al Gobernador. Pizarro sin embargo en su conciencia, dudaba de Ocollo, pero dominado y avasallado su corazón por la Peruana, bien pronto le tranquilizó valiéndose de sus encantos.

Replegando con orden sus fuerzas, Almagro, Coya y Benalcázar, se internaron sobre las inaccesibles montañas, y ya lejos del peligro, comenzaron a sentir el dulcísimo consuelo que se derramaba sobre el mortal al sacudir un negro sueño. Atónitos se miraban enternecidos y dudaban aun si sería fantástica ilusión el horror que les había amagado tan de cerca; pero vueltos al fin a la calma, Almagro juraba odio eterno a sus crueles verdugos, y Coya le exhortaba a la venganza, y Benalcázar le ofrecía generoso su valiente espada. Coya le refirió el modo con que Ocollo la dio el parte, que sin Ocollo no existiera, que Ocollo no amaba a Pizarro; que era preciso salvar a su bienhechora y a su patria, que era preciso luchar y reluchar y proclamar la libertad del Perú, si habían de gozar tranquilos del amor que los dioses habían encendido en sus pechos.

Almagro, a pesar de cuantos desaires recibía de sus compañeros, a pesar de las atrocidades que se cometían en el Nuevo Mundo, y que tanto repugnaban a su corazón, amaba a su patria y a los castellanos, y gustoso por ellos diera su existencia; pero cuando vio la pérfida sentencia, cuando vio que su sangre había de saciar también la sed devoradora que ardía en los invasores del Nuevo Mundo, ya su alma era sólo sensible a los clamores de la venganza, su anhelo sepultar su espada en el pecho de Pizarro, y toda su ventura lanzar a los castellanos de la patria de su Coya para gozar tranquilo sus amores. Apenas los dulces amantes su vieron en la montaña, sólo pensaron en dejar ordenados los guerreros que seguían a Coya al mando de Benalcázar, y marcharon por ocultos y difíciles caminos a los Andes, a presentarse a Huascar, y a pensar en el plan de campaña. En cortos días llegaron a reunirse al sucesor de los Incas, e imposible fuera pintar la sorpresa del monarca al ver a Almagro en su campo, y al darle el dulce nombre de amigo. Desde aquel instante creyó suya la victoria, y la llegada de Almagro se celebró con más pompa que coronación de un Inca. Huascar valiente, noble y generoso, no sabía aun el arte de la guerra para aventurarse a la campaña; Almagro era bien conocido entre los Peruanos por su valor y por su pericia militar, y Almagro era preciso que fuese el blanco de todas las esperanzas.

Los Peruanos, aunque llevaban largo tiempo batiéndose con los Españoles, no habían comprendido sus armas, y menos su estrategia, y aunque no miraban con tanto terror los caballos y la artillería, sin embargo eran vencidos en el momento de presentarse en el campo de batalla. Almagro fue solemne y ampliamente autorizado por Huascar para que por todos los medios posibles hiciese los preparativos necesarios para una campaña decisiva, en que o por siempre el Perú arrastrara las cadenas, o pudiera entonar el himno de libertad; y Almagro comenzó a obrar con toda la rapidez que le inspiraban sus deseos de venganza.

En medio del despotismo con que Pizarro y Luque afligían al Perú, era indispensable que los Peruanos prefiriesen mil veces volar a la muerte, que sufrir el yugo atroz e ignominioso de su servidumbre; y hasta de las más lejanas provincias del imperio emigraban desgraciados a los Andes a alistarse en las banderas, a pesar de las tropas castellanas que circundaban las montañas, o imposibilitaban la comunicación. Había brazos suficientes, sólo se necesitaba industria y dirección. Almagro desde el momento pensó en fortificar el baluarte casi inexpugnable que le ofrecía la naturaleza en los Andes, en la construcción de armas blancas y de fuego, y en la instrucción de los guerreros. En pocos meses se construyeron mosquetes y piezas de campaña, se adiestraron los Peruanos en el manejo de las armas europeas y se doblegaron a la rígida disciplina que conduce a la victoria.

Almagro trabajaba infatigable de día y noche; tenía en eterna actividad a los Peruanos; de todo sacaba recursos, y a todo era alentado por las miradas de su Coya. Los Andes en su seno le prestaban cuantos auxilios necesitaba para las elaboraciones; los víveres más ricos y más abundantes, arrojaban por sí solos el hierro, el azufre y toda clase de metales, y las cimas de la montaña parecían la mansión de Vulcano. Huascar por su parte, gozando del amor de los Peruanos, tenía el espionaje más seguro; por todas las provincias corrían activos agentes, que escapando de la vigilancia de los mandarines, derramaban entre los desgraciados esclavos las más halagüeñas esperanzas, y animaban la emigración a las montañas, y en todo el imperio fermentaba un violento y oculto fuego que escapaba de la penetración del gobernador y de todos los invasores, pero que algún día había de estallar como un volcán furioso.

Almagro era el móvil de todas las operaciones, y el baluarte de la libertad del Perú; pero Almagro era cristiano y fanático del siglo XVI, y vivía entre idólatras, y esto era un escollo insuperable. Verdad es que sus virtudes le habían hecho adorar en todo el imperio, y un ser virtuoso recomienda por sí solo la religión que venera; pero los cristianos habían inundado de sangre el país, y sus inocentes habitantes miraban con terror la religión que contaba por secuaces hombres destructores. Valiéndose de su posición y de su prestigio, Almagro pensó en hacer prosélitos en la montaña: sus primeros cuidados fueron edificar una ermita en que en lo posible rindiese culto al Dios verdadero, e hizo que Coya le acompañase en todos los actos religiosos, y publicó al fin que Coya había abrazado el cristianismo. Ni Huascar ni los Peruanos podían oponerse a esta conducta, ni acusar a Coya; Almagro estaba identificado con sus intereses; Almagro era todo su porvenir y su esperanza; no pudieran contrariar ni en lo más mínimo sus deseos; Almagro los admiró con sus virtudes, y en la cima de los Andes había una ermita de Cristo y un templo del Sol. Las-Casas, un venerable sacerdote cristiano, tan eminente por su saber como por sus virtudes, sufría crueles persecuciones de sus compañeros por oponerse a sus planes de destrucción, y del mismo temple de alma que Almagro, les unía la amistad más estrecha. El guerrero lo pudo pasar secretamente un aviso, asegurándole que era de la mayor importancia al cristianismo que estuviese a su lado en la montaña. Y Las-Casas no dudó un momento; se fugó a los Andes, y la ermita de Almagro tuvo el más respetable sacerdote. Desde aquel instante se pensó con fervor en la predicación del cristianismo; Almagro y Las-Casas eran los modelos de las virtudes más puras; lejos del puñal y las hogueras, el ejemplo y la persuasión eran sus armas. El venerable Las-Casas predicaba diariamente en su ermita la inmortalidad del alma, la pureza de la religión de Jesús, las recompensas eternas de las virtudes, y el eterno castigo de los delitos de aquellas acciones que escapaban del imperio de las leyes civiles. Pintaba a un justo Dios de verdad dominando las conciencias, pero sólo en sus exhortaciones privadas, entraba en la exposición de los milagros y misterios, no quería exigir de razones limitadas esfuerzos gigantescos, e insensiblemente se preparaban los ánimos a abrazar el cristianismo.

El primer prosélito que los cristianos procuraban era a Huascar, como el Inca y soberano del imperio; pero a pesar de la veneración que tenía a Almagro y al sacerdote, se creía hijo del Sol, y estaba poco dispuesto a abandonar el culto de sus padres: veía por otra parte que un paso precipitado pudiera trastocar en aborrecimiento el amor de sus súbditos, y Huascar adoraba al Sol a pesar de la conversión de Coya, y de las exhortaciones de los cristianos; mas consiguieron al fin que concediese a sus súbditos completa libertad de profesar el culto que su razón les dictase, y muchos recibieron las aguas del bautismo, no llevados del terror, sino del convencimiento.

En Vericochas, como en todos los sacerdotes del Sol, ardía inextinguible el fuego del fanatismo que devora generalmente el pecho de los ministros de todas las religiones. El culto del Sol es verdad que derramaba en las almas la sublimidad y la dulzura de sus creencias, pero sus sacerdotes no llevaban su virtud hasta la tolerancia de hallar posibles otras creencias ni otros cultos; miraban con indignación la ermita cristiana edificada en los Andes, y derramaban entre los Peruanos los temores que exaltaba su imaginación al creer irritado al Dios del día. Cuando Vericochas supo la conversión de Coya, cuando se persuadió de que fuera imposible evitar que Almagro extendiera el cristianismo, y Las-Casas predicara el Evangelio, cuando fue advirtiendo los prosélitos que hacían, y fluctuar al fin al mismo Huascar, una sombría tristeza se apoderó de su corazón, e incesantemente postrado ante el símbolo del Sol, enajenado en llanto, pedía a su Dios no negara al imperio su benéfica lumbre, y su luz vivificadora. Su llanto y su honda melancolía, devoraban visiblemente su existencia, y en breve pagó a la naturaleza su tributo. Su muerte fue llorada por todo el imperio, como debe llorarse la muerte del justo; en sus exequias se desplegó toda la magnificencia del culto, y su busto fue colocado en el templo entre las efigies de las deidades tutelares del Perú.

En tanto se activaban los preparativos de guerra con admirable rapidez: subían a veinte mil hombres los refugiados en la montaña, y unos procuraban las subsistencias, otros se adiestraban en el manejo de las armas, otros trabajaban infatigables en las fundiciones, y todos alternaban en los diferentes trabajos, siempre bajo la dirección del activo y laborioso Almagro. ¡Ah! las cimas de los Andes prestaban ya la imagen de la regeneración del Nuevo Mundo.

Pizarro y Luque en Cuzco continuaban en su sistema de horrores, que extendían a todas las provincias; el crudo despotismo militar conducía millares de víctimas al cadalso, y las hogueras inquisitoriales, ardiendo eternamente, daban al aire en densas columnas de humo los miembros de los desgraciados que eran acusados de idolatría. La servidumbre más ominosa conducía a la dura argolla a millares de infelices, y sus hondos gemidos, mezclados con la algazara de los invasores, se escuchaban sólo en el imperio. La Metrópoli nada ignoraba ya de la conducta política y religiosa del gobernador y de los sacerdotes, pero a pesar de establecer cuerpos legales, las leyes respiraban el mismo terror y degradación humana y su cumplimiento se confiaba a Pizarro y Luque. Todo el sistema político y religioso de la Metrópoli consistía en la extracción de tesoros del Nuevo Mundo, y en arrastrar prosélitos al cristianismo; se ignoraban, las consecuencias de tan monstruosa política, y Pizarro y Luque recibían continuamente de la corte de Madrid pruebas de aprobación, y extensión de poderes para obrar como monarcas y déspotas.

Tan particular antítesis formaba la administración de Pizarro y Luque, con la de Almagro y Las-Casas. En la una todo era dulzura, convencimiento y virtudes; en la otra muerte, despotismo y crápula. ¡Y eran todos cristianos! ¡Tanto varían las sectas religiosas según la fibra de cada creyente! La religión de Jesús en el Nuevo Mundo era un enigma inexplicable para los Peruanos; detestable en boca de Luque, y adorada en boca de Las-Casas; la dominación española bajo el imperio de Almagro, formara la ventura del Perú, bajo el imperio de Pizarro era su destrucción y su ruina; la Metrópoli sin despotismo hubiera conservado largos siglos aquellas inmensas colonias, pero con su negra política, apenas en la corta duración de su dominio, pudo reembolsar los tesoros que la costaron, perdiendo la sangre de cuarenta mil españoles.

Tal era la actividad para los preparativos de guerra en los Andes, y tales las esperanzas que se derramaban por las provincias que a pesar de la confianza en que dormía el gobernador no pudo menos de dirigir su atención a las montañas. Desde luego suponía que Almagro había de estar a la cabeza de aquella sublevación, pero jamás creyó que contara con tan poderosos recursos. ¡Pizarro no era bastante político para calcular el poder de un héroe que levanta el estandarte de la libertad en un pueblo esclavizado! El capitán Soto con 300 hombres marchó a atacar a los sublevados, y el gobernador en Cuzco se abandonaba en tanto a las fingidas caricias de Ocollo, y hasta abandonaba las riendas del gobierno a Luque y al sacerdocio.

La situación de Ocollo era por momentos más crítica; los ardientes deseos de su opresor cada vez más activos, y la desdichada ya no hallaba recursos para suspender por más tiempo el recibir el bautismo. Bien pudiera en una noche completar su venganza despezando el pecho del matador de Atahulpa, pero era difícil su fuga, y seguro su cadalso. Los invasores se irritaran con el asesinato de su jefe, y derramarían con más horror el exterminio, y Ocollo expirando en un cadalso no pudiera prestar a la libertad los inapreciables servicios que la prodigaba. En comunicación con Huascar y Almagro les daba los más seguros e importantes avisos, y al lado del gobernador endulzaba algún tanto su corazón y libraba de la muerte a muchos desgraciados. Al momento comunicó a Almagro la salida del capitán Soto para los Andes, y Almagro tuvo tiempo de preparar una feliz emboscada. Soto caminaba sin precaución, despreciando la fuerza del enemigo, y seguro que marchaba como siempre a la victoria, cuando mil indios de repente cayeron sobre él mandados por Almagre y con armas blancas europeas. La división española se dispersó con horror, no acostumbrada a aquellas cargas de sorpresa, ni a resistir armas matadoras, y los Peruanos cometieron una atroz carnicería en los aterrados y dispersos españoles, viéndose por primera vez vencedores en su suelo. Soto hizo esfuerzos de valor, pero todo fue en vano; a merced de su cota se salvó de la muerte, y marchó asombrado fuera de la montaña, donde reunió los cortos restos de su gente, que pudieron escapar del combate, y comunicó circunstanciado parte de la derrota al gobernador.

El cristianismo en tanto progresaba y la ermita de Las-Casas era ya corto recinto para los nuevos creyentes. Las virtudes más puras reinaban entre los neófitos, y algunos de los más distinguidos obtuvieron el honor de ascender al sacerdocio; honor prohibido en las leyes de Pizarro. Este paso político de dar al pueblo sacerdotes de su seno, granjeó millares de prosélitos al Evangelio, y Huascar mismo, al ver decidida la mayoría de sus súbditos, y al ver que el Dios de su amigo y protector daba a sus armas la victoria, con todo el convencimiento de su razón entró en el seno de la Iglesia. Desde aquel momento el templo del Sol quedó vacío en sus pomposas ceremonias: el estandarte de la cruz tremolaba vencedor en la montaña, y las costumbres más puras engrandecían a los habitantes de los Andes, y los preparaban a la guerra y a la victoria.

Pizarro recibió el parte de la derrota de Soto, y el furor brilló en sus ojos centellantes. Rápidamente reunió hasta mil doscientos hombres, y puesto a su cabeza marchó a los Andes proclamando el furor y el exterminio. La infeliz Ocollo respiró en su opresión en el momento que ya no sabía qué partido tomar en sus conflictos, y permaneció en Cuzco bajo la observancia de Luque. Velozmente avisó también a Huascar y Almagro de la salida del gobernador, y su alma se dilataba al contemplar los servicios que prestaba a la libertad de sus súbditos.

Pizarro en cortos días tomó posición en la falda de los Andes, y Almagro se preparó con placer a una campaña en que tal vez pudiera medir las armas cuerpo a cuerpo con su contrario. Cada día se aumentaban más y más las fuerzas de Huascar y aun algunos castellanos, ya parciales de Almagro, ya exasperados por el rigor de la disciplina o del despotismo del Gobernador y el fanatismo del vicario, engrosaban sus filas y adiestraban a los indios con el valiente Benalcázar que prestaban también en los Andes los más importantes servicios. Violento Pizarro en su carácter, de un valor impávido, no se sació con arrollar algunas cortas fuerzas que se le presentaron en los desfiladeros, se preparó a dar una batida general en la montaña, y a asaltar la cúspide en que se había edificado el templo del Sol, y la ermita cristiana; punto que formaba la corte de Huascar, y el foco de la sublevación. Almagro cuidó que los pequeños destacamentos que entretenían las fuerzas del gobernador por la montaña, no usasen de mosquetes ni de ninguna arma de fuego, y aunque se advertía más regularidad en las masas, y diferente disciplina en los combates, los Peruanos se retiraban siempre con poca resistencia, según las órdenes que tenían, y Pizarro a pasos agigantados se precipitaba en la asechanza. En cortos días tendió su tropa para asaltar la cima, y cuando con más confianza trepaba por las asperezas a cantar la victoria, Almagro cargó con todas las fuerzas, usando de la artillería y mosquetería, que con tantos esfuerzos logró fundir en los Andes; y sorprendidos con terror los españoles caían a centenares abrasados del fuego de cañón, o precipitados entre las rocas en su fuga. Almagro, los siguió valeroso en la huida; el Gobernador en vano procuraba inspirar aliento a los soldados, era también víctima de la sorpresa, y apenas doscientos hombres se salvaron de la muerte, y se reunieron en la campiña, pero vencidos, derrotados, sometidos por fuerzas extraordinarias, con armas igualmente matadoras, disciplinadas a la europea, y mandadas por el valiente y experto Almagro, nunca el Gobernador mostró más esfuerzo y bizarría que sosteniendo una retirada hasta las murallas de Cuzco.

En esta célebre jornada, si hemos de creer a las tradiciones que aun se conservan en el país, se verificó un portentoso milagro. El intrépido gobernador no fue vencido ni por el valor de Almagro, ni por el arrojo y nueva disciplina de los Peruanos; la sublime sombra de Colón, vagando por las sinuosidades de los Andes, dio el grito de libertad, y amarró la diestra de Pizarro. Colón llevado de sus instintos descubrió el Nuevo Mundo, y condujo a los Europeos a aquellas deliciosas comarcas, para unir en fraternales lazos el antiguo y Nuevo Mundo; pero no jamás, para que los inocentes habitantes de las nuevas playas fuesen degradados esclavos de los denegridos Europeos del siglo XVI. Colón filantrópico y sensible fue el consuelo de los Indios de todas las comarcas en cuanto estuvo al frente de las expediciones, pero preso y encadenado, vuelto a Europa con ignominia, cayó, como ya hemos visto, desde aquel momento, una mano de hierro y de exterminio sobre los nuevos continentes. La sombra de Colón en su sepulcro gemía devorada por el remordimiento de haber conducido a los europeos a los remotos e ignorados climas, y es fama que voló también a los Andes a reclamar la libertad del Perú, y que inspiraba a Almagro, y fortalecía las diestras de todos los Peruanos. En la derrota de Pizarro aseguran los ancianos del país, que volaba una manga de fuego por los ámbitos que deslumbraba al Gobernador y a su división y alumbraba a los Peruanos. Aquella nube de fuego era la sombra de Colón, que combatía también por la libertad del Nuevo Mundo, para acallar sus remordimientos de haber descubierto aquellas deliciosas playas para que su generación las enrojeciera de sangre.

24
VENGANZA

*P*izarro llegó a Cuzco perseguido con obstinación por los Peruanos; en su retirada hizo prodigios de valor que otras veces le hubiesen asegurado la victoria, pero los súbditos de los Incas se batieron como soldados europeos, y su número les aseguró el triunfo. Almagro dio regularidad a las masas armadas que discurrían errantes a la muerte, y la aurora de la libertad del Perú, parecía ya esclarecer en el Oriente. La capital se consternó al ver llegar en derrota al gobernador; el atleta que jamás se vio vencido, se miraba humillado y amenazado por un enemigo formidable. Entonces se empezó a conocer la desacertada política de haber roto con Almagro y con otros compañeros, que huyendo de Pizarro y Luque tuvieron que marchar al campo enemigo. La disciplina en los combates, la unión impenetrable de las masas todo se miraba como efecto de la instrucción de los Españoles, y la sangre de los Peruanos no correría ya impune en los campos de batalla. Valientes llenos de amor por su patria, jamás se intimidaron a vista de las tumbas; pero sus arcos y sus flechas, sus débiles lanzas, jamás pudieran cruzarse con las espadas europeas; mas cuando se vio que empuñaban aceros, cuando lejos de huir aterrados al estampido del cañón, derramaban también la muerte con su artillería, era preciso que desmayasen los conquistadores. ¡Un pueblo que tiene armas y virtudes, jamás doblega su cuello al yugo de los tiranos!

Pizarro entró en la ciudad con 200 soldados, pero bien pronto se tendieron en la campiña muchos batallones peruanos que le seguían en su retirada, y ya los conquistadores parecían estar sólo a la defensiva. Almagro para tomar la capital no quiso se pasara el terror de la primera derrota. Pizarro valiente, intrépido hasta la temeridad, centelleaba fuego por sus ojos; mil veces prefiriera la muerte al baldón de ser vencido, y resolvió atacar con furor a los sitiadores. Luque, a pesar de ser bastante político para conocer cuánto habían variado las circunstancias del imperio, era demasiado fanático para poder pensar con sensatez. «Jamás la cruz se vio hollada por herejes, decía al gobernador», y se dispuso a la campaña excomulgando solemnemente a Almagro, Las-Casas y cuantos Españoles seguían las banderas de Huascar. Bien sabía que todos predicaban el cristianismo, que Huascar y la mayor parte del ejército peruano habían ya recibido las aguas de la salvación, pero también sabía que estaba abierto el templo del Sol, y que se toleraba la pompa de Satanás, y suponía aquellos cristianos como esclavos del demonio. El Gobernador delirando por venganza, sepultado en la memoria de haber sido vencido, se olvidó de los amores de Ocollo, y su alma sólo se alimentaba de deseos de sangre. Ocollo en tanto vivía en la más desesperada zozobra: escapar al campo de Huascar no era posible, su venganza tampoco estaba consumada, y el Gobernador podía llegar a la desesperación.

Pizarro en breve reunió 500 hombres, y a pesar de ser séxtuplas las fuerzas del enemigo, no dudó arrojarse al combate; su sed de venganza lo precipitaba... Luque aunque no conocía todo el peligro que les amenazaba, más tranquila su mente que la de Pizarro, miraba seis mil combatientes a la Europea mandados por Almagro, con otras infinitas fuerzas no disciplinadas, y juzgó conveniente enarbolar la cruz en el combate por que conocía que le era altamente necesaria la cooperación del cielo. Se iba a pelear por la libertad de un gran pueblo, y dos héroes de aquel siglo, dominados por resentimientos personales, mandaban las fuerzas combatientes; el choque no podía menos de ser horroroso, y el campo de batalla se había de transformar en un osario cubierto de sangre. Pizarro contaba con menores fuerzas, pero sus soldados eran más tácticos y veteranos, y numeraba valientes oficiales. Almagro, aunque con fuerzas numerosas, tenía que atender al asedio; con dificultad pudiera empeñar todos sus batallones en el combate, y por mucho que los Peruanos hubiesen adelantado en la táctica europea, siempre serían bisoños, y el jefe no pudiera contar con subalternos de confianza. Tal era el estado de los campos enemigos cuando Almagro sitiaba a Cuzco, y Pizarro se preparaba a rechazarle vengando su oprobio.

Por arrogante que fuese un guerrero en el siglo XVI, no salía jamás al campo de batalla sin haber recibido todos los socorros espirituales, por si tal vez cediese a la muerte. Entonces Pizarro no pensara en tales ceremonias; pero Luque exhortó a los soldados para darles valor; en nombre de su Santidad les concedió absolución general, y repartió fervorosamente la eucaristía. Un negro estandarte, en que resplandecía una cruz encarnada, se enarboló entre los conquistadores, y el Gobernador a su cabeza salieron de la ciudad como un torrente impetuoso. Almagro tenía constantemente sus batallones sobre las armas, y un cándido pendón con cruz roja los animaba a la victoria.

No por mucho tiempo se contemplaron los campos enemigos. El Gobernador se arrojó sobre sus contrarios cual un tigre rabioso, y bien pronto inútiles los mosquetes y artillería, se llegó a las armas blancas, muriendo cada cual impávido conservando su línea. Si bien no eran poderosas las fuerzas combatientes, corría empero la sangre, y volaba el destrozo; las diestras se disputaban con ardimiento el honor de herir primero, y los Españoles parecían animados del valor de los Dioses. Pizarro y Almagro si bien conocían la necesidad de no abandonar el mando de los suyos, sus deseos de venganza los llevaron más de una vez a cruzar los aceros personalmente, pero pronto cedían y volaban al punto de mayor interés. Los soldados del Gobernador eran otros tantos héroes; Pizarro en aquella célebre jornada mostró mayor valor y más pericia que nunca; Pizarro era el asombro de sus compañeros y de sus enemigos, pero Almagro intrépido, valeroso, al frente de soldados que peleaban por su libertad, alentados por un monarca que adoraban, con fuerzas muy superiores, era un torrente irresistible. El número al fin había de decidir la victoria; el Gobernador, después de arrojarse mil veces a la muerte, tuvo que ordenar la retirada y por segunda vez el conquistador del Nuevo Mundo se vio entrar en su pomposa corte vencido y derrotado. Corrió la sangre de mil Peruanos para sellar la victoria, pero 300 cadáveres españoles cubrían también el campo del combate.

El luto y el dolor se extendió en Cuzco entre los invasores, al ver entrar de nuevo derrotado al Gobernador; todos gemían temblorosos, menos Pizarro, que era sólo grande en los peligros, y mostraba en ellos más tranquilidad que en las bonanzas. Luque miraba con asombro que el Dios de las batallas hubiera concedido la victoria a los herejes; allá en su conciencia presumía que fuese castigo de los pecados de los cristianos, pero en los templos y en las calles predicaba los altos juicios del Señor, su inefable munificencia, la profecía de la extensión del cristianismo por toda la tierra, escrita en los Evangelios, y así sostenía el entusiasmo, y preparaba a la muerte a los vencidos. Pizarro en tanto valeroso sólo pensaba en la guerra; y desplegaba una actividad y una pericia extraordinarias. No podía pensar en una nueva salida contra el enemigo, pero se preparaba a resistir cualquiera asalto o combate a que le provocasen para recibir refuerzos de la Metrópoli; olvidado de Ocollo, olvidado de sí mismo, sólo anhelaba la venganza y la victoria, y nunca estuvieron en más estrechas relaciones, ni obraron más de común acuerdo el Gobernador y el vicario.

Almagro por su parte, con infatigable actividad sostenía el valor y la disciplina en sus batallones: calculaban a sangre fría las probabilidades que le aseguraban la victoria y la libertad del Perú, y se preparaba a dar el asalto a la capital del imperio. Huascar siempre valiente y generoso, amaestrado por Almagro, era ya un bizarro capitán europeo, que desnudándose de la pompa y ceremonias de Inca, si bien se presentaba con magnificencia a sus soldados, no envolvía en sí la idea de deidad soberana, y sucesor del Sol. Con valor, pero sin orgullo, con destreza pero sin presunción, conocía la superioridad de Almagro, y jamás le disputó el mando, ni contrarió la menor de sus órdenes. Coya delirando de amor por su bizarro caballero ya no hallaba sus delicias en la altivez de las armas, condescendiendo con el querer de Almagro, si bien manejaba las flechas y el arco, y animaba el entusiasmo de los Peruanos, no en el calor de los combates exponía a los aceros su preciosa existencia. Las-Casas, celebrando diariamente el sacrificio de la misa en campo raso, predicando la moral más pura, ejercitando las más sacrosantas virtudes, extendía el cristianismo en todo el ejército, y los adoradores del Sol se postraban ante el leño de la cruz.

Con la rapidez del fuego eléctrico se comunicó por las provincias la fama de las dos victorias conseguidas por Almagro, y la conversión de

Huascar y de todo el ejército; así como la pureza de costumbres y la humanidad del sacerdote cristiano, del venerable Las-Casas. A pesar del duro yugo de los conquistadores, y de la carnicería y estrago con que castigaban el menor síntoma de sublevación, las provincias fermentaban, cual el fuego en las cavernas de la tierra, y ya tronaba el día de la explosión espantosa.

 Los agentes de la libertad corrían solícitos las provincias atizando el fuego: muchos fueron descubiertos y despedazados para expiar su crimen, pero los hombres libres renacen bajo la cuchilla de los verdugos, y cada víctima era sustituida por otras ciento que se preparaban al martirio. Los invasores y los Peruanos trabajaban cada cual infatigables, ya por sostener el despotismo y la tiranía, ya por conseguir la libertad y la independencia. En aquellos siglos aun no se poseía el arte de tiranizar, pero sí el entusiasmo de volar con impavidez a la muerte proclamando la independencia. Continuaba una espantosa actividad en los muros y campiñas de Cuzco; los sitiadores se preparaban al asalto, y los sitiados a rechazarlo. La guarnición de la capital del imperio después de sufrir dos descalabros, numeraba bien cortas fuerzas, y los batallones de Almagro pasaban de veinte mil hombres. En una tranquila noche, la luna apenas despuntaba nebulosa entre celajes, y un silencio sepulcral reinaba en las campiñas, cuando Almagro al favor de las sombras arrimó grande número de escalas a los muros y dio la señal del asalto. No dormía Pizarro entregado a las caricias de Ocollo; valiente en los muros comenzó a derramar él los exterminios y la muerte, y el combate llegó a todo el horror del encarnizamiento. Los Peruanos gritando libertad exhalaban el alma al rigor de los aceros de los invasores, pero la mortandad no debilitaba el entusiasmo, sí que redoblaba el vigor del asalto. El gobernador arrebatado de feroz ardimiento, el primero en el combate y en los riesgos, sostenía el valor y la impavidez de los sitiados, pero ya las diestras desfallecían cansadas de matar, y las murallas de Cuzco se cubrían de enemigos denodados, que destrozaban también a sus enemigos, cuando Luque con un crucifijo en la mano encendió la ira de los fanáticos y reanimó su aliento. Un vigor sobrehumano impelía las diestras y los corazones; Pizarro señoreaba ya a los suyos, y los Peruanos fueron arrojados de las murallas, cuando creyeron segura la victoria. El campo quedó cubierto de cadáveres, y la sangre rebosaba sobre la tierra, pero los sitiadores sufrieron también una horrible pérdida, y sus cortas fuerzas ya no pudieran sostener un segundo asalto.

Bien pronto el sol bordó con su púrpura el Oriente, y los combatientes tendidos en el campo de batalla, dormían como en un sueño letargoso entre los cadáveres. El gobernador y el vicario velaban en tanto, y contemplando a sangre fría el destrozo, pensaban sobre lo crítico de sus circunstancias que no desconocían; pero sus almas arrogantes aun hallaban recursos en la desesperación, y no decaía su aliento. Mil diferentes planes oprimían sus cerebros. Hallaban difícil sostener la capital, y difícil también una retirada en que no fuesen completamente destrozados, y esperaban con impaciencia refuerzos de las provincias a pesar de las cortas guarniciones que aseguraban en ellos la tranquilidad, en virtud de agentes que a todas habían mandado, aunque con tardanza por su demasiada altivez. Los mayores temores del gobernador eran que en la noche se repitiese el combate, porque se hallaba con poquísimos soldados, y rendidos de la fatiga.

Ocollo, sepultada en esperanzas y en temores, se hallaba en un estado de turbación inexplicable. La victoria será de Almagro, caerán los tiranos, la decía su corazón, pero en tanto gemía en poder del gobernador, prisionera en su palacio; no por más tiempo pudiera entretener sus ardientes deseos, y la desesperación le arrastrara a la violencia. El palacio del gobernador era un suntuoso edificio poblado de desgraciados. Tal vez 500 esclavos esperaban su voz para servirle, y formaban su grandeza; quinientos esclavos que arrastraban los hierros del oprobio, y que gemían bajo la más dura tiranía.

Ocollo, esposa del desgraciado Atahulpa, llena de amabilidad y de encantos, consagrada a aliviar sus penas, era el ídolo de aquellos infelices, y en ellos podía fundar lejanas esperanzas.

El campo peruano presentaba una quietud profunda, y el gobernador viendo que no amenazaba peligro alguno, sintió renacer en su pecho un amor, y lleno de desesperación se retiró de la muralla arrastrado de sus fogosos deseos. Apenas hubo llegado a su estancia mandó llamara a Ocollo con arrogante mandato. -Peruano, la dijo, ya es tiempo que mi amor halle consuelo entre tus brazos: esta noche, esta misma noche... La inquietud de la guerra, Pizarro, le reponía... esta noche tal vez el enemigo repita el asalto. -No, no será tan temerario, yo te lo juro, no querrá de nuevo mirar humillada su altivez; pero si osara arrogante, cercanos están los muros, al primer grito sacudiré el amor y volaré al combate: «me son más deliciosos los peligros que las caricias.» En vano Ocollo quisiera apurar los recursos que le ofrecía su fecunda imaginación; la desesperación se había apoderado del alma de Pizarro, su amor era una negra tempestad, tal vez no desconocía su pasión, y no quería dejar escapar de entre sus manos el feliz momento por que tantas veces había suspirado.

Rápido el gobernador volaba por la ciudad y por los muros, y con su presencia animaba a los soldados, y daba vigor a todas las disposiciones militares. Ocollo, sumergida en llanto, miraba ya acercarse inevitable el momento que tanto había dilatado de un modo prodigioso. Imposible fuera fugarse: su muerte era segura, y quería gozar del grandioso espectáculo de la libertad del Perú. Su alma robusta, grande en las tempestades, conservó la bastante tranquilidad para esperar el peligro; y animada por la sombra de Atahulpa, y por el amor que aun ardía en su pecho, sólo pensó en su venganza.

Limitada a 500 hombres la guarnición de Cuzco, y Pizarro impávido hasta desconocer los riesgos, redujo su guardia a un corto número de soldados, pero sus infinitos esclavos temblaban a su voz, escarmentados de su fiereza. Ocollo bastante política no aparentó jamás unión con aquellos infelices; tal vez también los trataba con arrogancia, y el gobernador la suponía identificada con sus intereses, porque por un delirio de su amor creía que era el objeto que adoraba: pero Ocollo suspiraba por los infelices esclavos, y ellos correspondían a su ternura, iniciados en el misterio del fingimiento. Algunos la inspiraban mayor confianza, ya por su valor, ya por sus talentos y eran sus principales agentes para las comunicaciones con el campo de Huascar, y en ellos fundaba sus esperanzas y les confiaba algunos de sus secretos. Aquel día alentó sus almas asegurándoles que en la noche se proclamaría la libertad del Perú, pero que era indispensable su esfuerzo. Los Peruanos inermes, apenas pudieran más que poner su pecho generosamente a la muerte, pero Ocollo siempre previsora quiso aprovechar felices momentos.

La corta guardia que afianzaba la seguridad del palacio del gobernador, era de soldados que habían pasado la noche matando en las murallas, que se habían abandonado también a la crápula y a los licores en celebración de la victoria, y que el cansancio y los vapores entorpecieran sus miembros, y un profundo sueño cerraría sus párpados y trastornara sus cerebros. Aquella noche era la señalada por Pizarro para saciar sus libidinosos deseos, y la señalada también por el destino para proclamar la libertad del Perú, y Ocollo conocía su posición y ardía en su pecho el amor de su patria y su venganza. Los Peruanos aunque degradados entre las cadenas de la servidumbre, conservaban la energía de alma de un pueblo que ha sentido las delicias de la libertad, y al grito de libertad volarían a la muerte, y Ocollo dio a sus favoritos las instrucciones convenientes para que preparasen a la multitud.

Pizarro después de tanto afanar ya cedía al cansancio; sus miembros aunque duros como el bronce, el bronce también cede. Cubiertas todas las precauciones militares, pronto al primer grito de asalto, se retiró a su palacio a procurar un instante de sosiego, pero el amor devoraba sus entrañas, y una inquietud inconsolable conturbaba su pecho. Más expresiva que nunca salió Ocollo a su encuentro prodigándole mil fingidas caricias, y el alma de Pizarro adquiría vigor y vida a la vista de la hermosa, su amor ardía violento, y recordando que aquella noche sería la última de fingimiento, creyó llegado el instante venturoso. Empero, Ocollo que conoció ya exaltadas las pasiones de Pizarro, tomó un aspecto severo, y comenzó a esquivar sus caricias. Entonces el gobernador rehízo su orgullo, y la recordó el mandato, «esta noche, Ocollo, esta misma noche; es todo en vano...»

-No lo esperes, bárbaro, repuso la Peruana, jamás cederá Ocollo a la voz del matador de Atahulpa. -Ah pérfida, y osaste... Está noche, esta misma noche... en vano procurarás desasir tu mano; entré mis nerviosos brazos expiarás tu crimen... Pizarro arrebataba la víctima cual una débil caña; Ocollo pálida en su tranquilidad parecía animada de un poder divino; ya el gobernador con negra boca ajaba las purpúreas mejillas, cuando Ocollo valerosa sepultó un puñal en su pecho, y atravesó sus entrañas. Pizarro cayó revolcándose entre un torrente de sangre, y Ocollo con el puñal humeando, enrojecido en sangre del conquistador, corrió valerosa, dio el grito de libertad, y volaron en tropel los esclavos. Estaban tomadas todas las precauciones; los Peruanos se apoderaron de las armas de la guardia, que perezosos sacudían un letargoso sueño, para morir matando entre el rugido de las cadenas de los esclavos; la guardia toda fue degollada, si bien a caro precio, y los amotinados volaron hacia una puerta de la ciudad para abrirla a sus compañeros. Los castellanos que coronaban los muros creyeron el tumulto una sorpresa del enemigo, les faltó el gobernador a su frente, y se pusieron en desorden. Tarde ya conocieron lo que causaba el movimiento, y la muerte de Pizarro; se habían forzado las puertas, y el ejército peruano avanzaba presuroso; empero, vivo combate se trabó en las calles entre la oscuridad de la noche, y los castellanos hubiesen entonado la victoria, pero Almagro cayó como una recia tempestad y decidió el triunfo. El ejército peruano se cebó con horror en los vencidos; en vano quisiera Almagro invocar en aquellos momentos el poder de la disciplina: cada soldado tenía que vengar mil víctimas de su familia, tenía que lavar su oprobio en la sangre de sus opresores, y sólo se escuchaban pavorosos gritos de muerte, libertad y venganza.

CONCLUSIÓN

La ciudad era un campo de batalla por todos sus ámbitos, y las divisiones peruanas avanzaban vencedoras por todas partes, arrastrando tras sí la victoria y la desolación. Almagro sin quitarse del frente de los batallones, vencía, refrenando empero a la tropa y conservando la disciplina, y tendía al rededor penetrantes miradas por descubrir al gobernador, su contrario, para medir con él cuerpo a cuerpo las armas, y Coya siempre a su lado, inflamaba el valor de los Peruanos, y les inspiraba valor y denuedo para entonar himnos de victoria, y cantos de libertad. Huascar, aunque obediente a las órdenes de Almagro, aunque de alma noble y generosa, conduciendo una división por diversos flancos, llevaba tras sus huellas el exterminio y dejaba sobradamente conocer que haría la guerra a muerte en lo sucesivo; y en medio de tanto horror recogía perezosamente la noche su negro manto, la luz del nuevo día empezaba a esclarecer el horizonte, y la aurora de la libertad del Perú despuntaba refulgente.

Pues bien pronto llegó a Almagro la noticia del asesinato de Pizarro, que él creía entre los combatientes, y entonces el joven guerrero demostró toda la nobleza de su alma: lloró la muerte de su enemigo, y arrojó melancólico la espada que esgrimía su diestra. Huascar en tanto avanzando victorioso se posesionó del Palacio del gobernador, antigua mansión de los Incas, y contemplaba en un helado pasmo el cadáver del intrépido y glorioso español que había hundido en polvo el colosal imperio, cuando también llegó Almagro; y Ocollo, fatigada y con difícil y angustioso aliento yacía en un profundo desmayo. -Inca, le dijo el Español, ya ocupas la mansión de tus antecesores; aquí tienes mi espada; ya no combatiré a tu lado; ya no tengo enemigo que vencer; ese frío cadáver ha desarmado mi diestra. -¡Cómo, valiente Almagro, pude ofenderte! -No, Huascar, no, eres noble y generoso, pero mi nombre sin mancha y sin baldón quedara cubierto de oprobio, si continuara combatiendo contra mis hermanos. El orgullo de Pizarro y el fanatismo de Luque, la intolerancia y el despotismo de los dos, me llevaron a tu campo, y las ofensas personales del Gobernador demandaban únicamente mi venganza. Tal vez las remotas generaciones creyeran que de la sangre de Pizarro brotara la libertad de Perú, porque su asesinato nos hubiera dado la victoria; las armas peruanas se hubieran cubierto de gloria venciendo al conquistador, pero ora quedan mancilladas, y yo debo salvarme del oprobio retirándome del teatro de la guerra. -Ocollo vengó la sombra de Atahulpa; mírala palpitante, sumergida en profundo desmayo. -Ocollo entonces comenzaba a sacudir su letargo, y desprendiéndose de los brazos de los Peruanos que la rodeaban, quería huir aterrorizada, y gritaba convulsiva. -No, bárbaro, jamás la sombra de Atahulpa. -A duras penas pudieron reducirla a un separado y tranquilo aposento, en que prodigándola los más solícitos cuidados, volvió en breve a la calma, y contemplaba pasar por su imaginación recuerdos espantosos.

 -No, Huascar, repetía Almagro, yo no culpo a Ocollo; su venganza y su honor exigían su arrojo; pero murió Pizarro, y es ya mi deber deponer las armas. Ya te he preparado a la victoria, Benalcázar y otros ilustres capitanes refuerzan tus filas; ya has aprendido a no temer las armas europeas; el imperio te aclama por su soberano, y señoreas ya la victoria. Adiós Huascar generoso; adiós ejército peruano, adiós. -Nacido en el Oriente vine a conturbar vuestra ventura; el Dios de misericordia quiso dotarme de menos ambición, o de más sensibilidad que a mis compañeros, y procuré ser vuestro consuelo y vuestro apoyo en vuestro común infortunio. La ingratitud y el orgullo de Pizarro, el amor de Coya, las inspiraciones de mi corazón, me llevaron a vuestro campo; combatí por vuestra libertad, y tal vez os di la victoria. Si algo me debéis, si fuese digno de aspirar a vuestra gratitud, perdonad los crímenes de mis compañeros, no maldigáis su memoria... Sus crímenes han sido crímenes de su siglo.

Copioso llanto derramaban los sencillos pechos, un profundo silencio reinaba entre los ilustres personajes, y las escenas de horror y de sangre, que aterraron al Nuevo Mundo, comenzaban a convertirse en escenas de ternura y de gozo. Coya, que en las miradas de Almagro inflamaba su puro corazón, estaba eternamente pendiente de sus labios; el querer, los caprichos de su amante, eran para la hermosa sagrados e inviolables preceptos, y en estando al lado de su Almagro, tenía realizado todo su porvenir de ventura y sus dorados sueños. Huascar que no miraba en el bizarro joven un rival, sino un amigo, un apoyo invencible, apuraba todos los recursos posibles para que no depusiera las armas, pero el bizarro castellano no podía seguir una campaña en que su poderoso rival había sido asesinado. Todo era en vano; Almagro había tomado su resolución irrevocable, y al fin se dirigió a Huascar. - Tú lo sabes, le dijo, esclavo de la hermosura y de los encantos de Coya, toda la felicidad que anhelo es poseerla como esposa, ya que tanto tiempo hace poseo su corazón. Como monarca del Perú, como jefe de la familia de los Incas, otórgame este don, y mis cortos servicios por la causa del imperio serán altamente compensados. La mayor honra de Huascar era contar a Almagro entre la familia de los Incas, y en breve el venerable sacerdote Las-Casas, los desposó en el templo de Cuzco con todas las ritualidades de la Iglesia, celebrándose con regocijos y pompa magnífica, el himeneo en toda la extensión del imperio; y según las crónicas contemporáneas los dos esposos vivieron felices y bienaventurados largos años en el magnífico palacio de Coya, que ya conocen nuestros lectores.

El virtuoso Las-Casas quedó también en Cuzco como jefe y vicario general de los sacerdotes cristianos del imperio, y predicaba infatigablemente la ternura y el balsámico consuelo de augusta religión del crucificado; confería las sagradas órdenes a los nuevos sacerdotes, era el ángel protector de los desgraciados, y hacía reflejar en sus virtudes la verdadera efigie de un Dios adorable y omnipotente. Ocollo admirando las virtudes del santo ministro, y estimulada por la conversión de Huascar, no odiaba a los cristianos; aun tal vez gustosa hubiera recibido las aguas del bautismo, pero el amor de Atahulpa vivía inextinguible en su pecho, y jamás quiso abandonar la creencia de su adorado

Inca y en sosegado retiro veía deslizarse su vida contrastada de magníficos recuerdos; y ya la sombra de Atahulpa se presentaba ensangrentada a su conturbada imaginación, ya un puñal vengador clavado en un arrogante pecho hacía sonreír a su alma.

Los héroes del Perú, cual errantes cometas, iban terminando su carrera, y llegando a su ocaso; pero volveremos a anudar la relación de nuestra historia para terminar sus páginas.

A pesar de la completa victoria de los Peruanos, aun pudieron escapar de Cuzco y de la muerte algunos españoles, que a las órdenes del Capitán Soto huyeron presurosos hasta Cajamalca. En vano fuera ya la porfía y el denuedo; la revolución del Perú había ya estallado para no retroceder; los Peruanos tenían ya armas matadoras, tenían virtudes y combatí por su libertad, que es lo que conduce a los pueblos a la victoria, y más débiles y desmayadas fuerzas pudieran oponerse al torrente impetuoso. El fanático y sanguinario Luque se salvó también de la matanza de Cuzco, y huía con los restos del ejército vencido si bien ya no contaba con aquel poder mágico e irresistible que la superstición le daba en los primeros momentos, porque su negro fanatismo había cansado hasta a los fanáticos.

El bizarro Huascar no se adormeció entre los laureles de sus primeros triunfos, y vencedor sobre las murallas de Cuzco, aun no era vencedor sobre el imperio de Incas. Los invasores dominaban muchas provincias, y preciso era prepararse de nuevo a combatir y a vencer. Los emisarios de Huascar y de la libertad recorrían el país por todas partes, que falto de guarniciones, sólo por un fantástico terror humillaba su cuello al despotismo, y con facilidad se alzaban las provincias al grito de libertad e independencia, a poca protección que le ofreciese una división de Huascar. Sólo desde Cajamalca a San Mateo derramaba sus horrores la dominación, porque era el punto donde estaba reconcentrada la poca fuerza invasora que aun ocupaba el nuevo mundo.

Cada día una provincia proclamaba su libertad y su independencia; el fuego de la revolución ardía subterráneo y violento por todo el imperio; Huascar con admirable actividad atendía a todas sus partes; los invasores estaban ya reducidos a un corto recinto, y a millares los peruanos volaban a Cuzco a engrosar el ejército de la libertad. No por más tiempo pudiera tolerar Huascar que Cajamalca y San Mateo continuasen bajo la dominación extranjera, y al frente de un poderoso y bien organizado ejército, marchó a dar la libertad a aquellas deliciosas comarcas, y el trono de Madrid y el Vaticano se estremecían a los pasos del libertador del Nuevo Mundo. También en esta provincia ardía el fuego de la sedición; los invasores se esforzaban en vano por sofocarlo, y Huascar marchaba presuroso, y era preciso prepararse al combate. Mal pudiera confiar en la victoria una corta división desalentad, vencida, abandonada de la Metrópoli; sin recursos, y hostilizada con furor del suelo que pisaba; pero Soto y sus soldados eran valientes y aguerridos, ni sabían soportar el oprobio de ser vencidos, y no cederían el campo sin medir las armas con esfuerzo.

Cual un río caudaloso que rompiendo sus diques, se lanza y se extiende con majestad por las campiñas, así Huascar dilataba y extendía sus fuerzas por los campos de Cajamalca, y se preparaba a dar el último golpe a la arrogancia de los invasores. Soto había también reconcentrado sus fuerzas, y se preparaba con denuedo a la batalla, y el antiguo y el Nuevo Mundo esperaban con avidez el golpe que tanto había de influir en su porvenir moral y político.

Luque, como ya hemos indicado, no gozaba de tanto poder ni de tanto prestigio; su fanatismo no dominaba ya exclusivamente a las consciencias, y comenzaba a reinar un ambiente de despreocupación que daba a las almas bastante distinto temple. En aquellas comarcas dominaban también los dos cultos; el cristianismo y la adoración del sol, que tenía sagrados templos en muchos pechos peruanos; pero la intolerancia de creencia, y el despotismo militar, seguían con más o menos crudeza derramando sus horrores, y los Peruanos, preferirían una gloriosa muerte, a continuar arrastrando los hierros de la esclavitud. Las noticias de la aproximación de Huascar enardecían los ánimos, y en Cajamalca bramaba también una revolución espantosa.

Fogoso y arrogante Soto salió al campo a las nuevas de la llegada de Huascar, y llevado de su loco ardimiento se preparaba a aventurar un choque temerario. Luque no podía comprender cómo el Dios de las batallas, abandonando las armas nazarenas, diese la victoria a un ejército por él excomulgado, y en su bárbaro fanatismo miraba los reveses de su campo como un visible castigo de los pecadores, y como difícil prueba a que exponía el Dios de justicia a la resignación cristiana, y fervoroso abrió misiones públicas, excomulgó de nuevo al ejército del imperio, y a los renegados cristianos que le seguían, y celebraba diarias rogativas, sosteniendo así en algo el valor de los vencidos. Huascar debía a Almagro un valor prudente y una rígida disciplina, y no dudó admitir el combate a que Soto le provocaba, porque, pesaba y meditaba a sangre fría sus poderosas ventajas, y no dudaba de la victoria. Bien pronto a vista de Cajamalca se trabó con obstinación el combate; Soto, si valeroso y arrojado, no tenía el prestigio que Pizarro, ni su tacto y conocimientos militares; los soldados más aguerridos y los más expertos jefes habían perecido en los Andes y Cuzco, y en breve los invasores se vieron envueltos y destrozados, y tuvieron que pronunciarse en retirada.

Desgraciadamente en Cajamalca había sucedido lo que Soto debiera haber previsto. En el momento en que sacó a la campiña todas las fuerzas para presentar a Huascar la batalla, estalló en la ciudad el volcán que ocultamente ardía; los esclavizados habitantes corrieron a las armas con plan muy anteriormente combinado; se apoderaron de las murallas y puntos más importantes, sorprendieron y degollaron a las cortas guardias con que se creía asegurada la tranquilidad, y ni un solo invasor pudo librarse de la muerte. Los esclavos mataban con encarnizamiento, pero ansiaban apurar todo su furor con el bárbaro Luque.

El vicario de Pizarro había atraído sobre su cabeza un odio inextinguible, porque había vivido, como hemos visto, en medio de un lago de sangre, por mucho que el fanatismo de su siglo cubra para las razas venideras su crueldad y sus asesinatos. En vano furioso el pueblo amotinado le buscaba por la ciudad, y por los más ocultos lugares; que Luque a vista del peligro se refugió en el templo, creyéndolo un asilo inviolable, y se postró ante el altar en fervorosa oración; pero no tardaron los amotinados en saberlo, y cayeron sobre el templo, forzaron sus puertas, se arrojaron sobre el fanático, cual lobos hambrientos, y lo despedazaron rabiosos en el mismo altar que oraba. Aun no saciaron su furor; arrastraron por la ciudad sus miembros palpitantes, y los quemaron al fin en una espantosa hoguera entre júbilo y algazara. Luque murió como hizo morir a tantos desgraciados, el Nuevo Mundo hasta le negó unos pies de tierra donde descansasen sus despojos mortales; sus cenizas fueron dadas al viento como él había dado las de Atahulpa, y otros miles mártires de su bárbaro y sangriento fanatismo. En tanto Almagro al contrario celebraba en Cuzco pomposos y regios funerales por el inmortal conquistador del imperio de los Incas.

Soto ya vencido y destrozado supo la sublevación y los horrores de Cajamalca; su impotente desesperación era su martirio, pero el torrente era ya absolutamente irresistible. Los invasores sin recursos de ninguna especie, abandonados de la Metrópoli, donde en vano clamaban por refuerzo y ayuda, mal pudieran hacer frente al ímpetu de un poderoso ejército vencedor, careciendo hasta de puntos fortificados en que resistirse. Con mil heroicos esfuerzos consiguió Soto replegar los invasores sobre San Mateo, donde tampoco era posible subsistiese, y tuvieron que refugiarse a bordo de débiles y destrozados navíos españoles que surtían en la bahía.

Los sacerdotes españoles desaparecieron también entre el furioso torbellino, pero la religión de Jesús quedó asegurada y triunfante en las playas del mar de Sud, y la dulce moral del Evangelio, y el puro genio del cristianismo derramaba en el imperio de los Incas la dulzura y el consuelo que libaron sobre la tierra los divinos labios del Crucificado. El venerable Las-Casas era el jefe de la iglesia de aquellas remotas playas; a su sombra benéfica creció en el país un sacerdocio filantrópico y lleno de ternura, y apenas las remotas generaciones pudieron después concebir que sacerdote del cristianismo se hubiese también llamado Luque.

El Perú respiró libre de sus opresores, los súbditos de los Incas volvieron a lanzar a los mares a los hijos del Oriente, y si en la obstinada lucha se salpicaron de sangre las arenas del imperio, los Peruanos aprendieron también la existencia de otras playas, de otros continentes, y de otros mundos, que en el porvenir se les abrirían a las comunicaciones y al comercio. Sacudieron sus preocupaciones de mirar como dioses a sus Incas; este derecho divino desapareció de aquellas playas, aun antes que del antiguo mundo, y consiguieron plantar el árbol de su libertad, aunque como en todas las regiones, tuvieran que regarlo con sangre. Inspirados sus pechos de la dulcísima melancolía de la religión nazarena, llegaron a comprender que tributaban su culto a una parte de la creación, a esa esplendente antorcha del día que por magnífica y sublime que corone los mundos, la robusta razón del hombre ha llegado hasta sus empíreas regiones, la ha seguido en su curso, y ha conocido su naturaleza, teniéndola si por una de las grandes obras del

Hacedor supremo como todos los centros de los sistemas planetarios, pero negándole la supremacía de los mundos que Manco-Capac le concediera. El imperio de los Incas se enrojeció de sangre, pero debió a los españoles su importancia política en el porvenir del mundo.

La corte de Castilla en tanto, lánguida desfallecía en su misma grandeza; en retorno de los tesoros del Nuevo Mundo mandaba sus galeras cargadas de sangre española, que se derramaba estérilmente en las nuevas playas. El pueblo español era el que daba esa sangre, pero los tesoros en que se vendía eran sólo para los Felipes y los Carlos y sus cortesanos; para la curia romana y sus delegados en Europa. Por torrentes de sangre del pueblo español se levantaban con los tesoros de las playas de mar del Sud esos soberbios alcázares de los reyes de Castilla, esos voluptuosos jardines, esos obeliscos de pórfido y mármol, esos campanarios gigantescos, esos templos orientales, dedicados al Dios de Luque; y el pueblo español desfallecía, y los nietos de Carlos 5º, los vencedores de la Europa, se desangraban envilecidos entre estériles montañas de oro.

Jamás la ilustre Isabel 1ª y el intrépido Colón imaginaron tan funesto legado a la nación española: el fanatismo y la estupidez de siglo XVI, trastocó en una calamidad pública el suceso más grande de los tiempos, y en que debiera levantarse la felicidad de los dos mundos. Pero el destino del mal, que parece presidir y dominar la tierra, cubrió de sangre y luto el inmortal momento en que un mundo conocía al otro mundo; el momento en que el hombre atrevido, dominando esos inmensos desiertos de los mares, saltaba ese valladar inexpugnable con que la naturaleza dividía unos de otros hermanos, el momento en que la naturaleza parecía ceder a los esfuerzos del hombre, y se postraba vencida a sus plantas.

Tal fue la historia del imperio de los Incas y de los hijos del Oriente en el siglo XVI, según los más auténticos quipos y códices peruanos que hemos tenido la vista, y cuya versión hemos procurado cuidadosos con la más estricta fidelidad. Afortunadamente el tiempo sepultó en sima insondable al siglo XVI, y con él las memorias y los rencores de los tiempos primitivos, de la conquista del Perú, y de los demás continentes del Nuevo Mundo; y tras grandes sucesos y grandes calamidades ha llegado ya el suspirado momento en que seamos hermanos, los pueblos entonces combatientes, y reine entre ellos la fraternidad y el amor que jamás debió turbarse. Les legamos nuestra religión, nuestra lengua; nuestros hábitos y costumbres, son nuestros hijos, son nuestros hermanos, y si los destinos sangrientos que parecen presidir a las naciones, condenan al Nuevo Mundo por ahora a derramar su sangre en los combates y en las discordias civiles, como desgraciados también nosotros la derramamos; día lucirá que el genio del bien presida al mundo, y entonces los españoles de acá y de allá de los mares se tenderán gozosos sus brazos, se llamarán hermanos y bendecirán la sombra de Colón.

FIN

Copyright © 2019 / Alicia Éditions
Fotografia : CANVA, *Los 13 de la Isla del Gallo*. Óleo de Juan B. Lepiani
Todos los Derechos Reservados

www.ingramcontent.com/pod-product-compliance
Lightning Source LLC
LaVergne TN
LVHW092010090526
838202LV00002B/84